Claim Drafting Manual for U.S. Patents

特許翻訳者のための
米国特許クレーム 作成マニュアル

大島祥貴 著
Oshima Yoshitaka

講談社

はじめに

本書の内容

　本書は，米国特許クレーム（米国特許出願用の英文クレーム）の作成方法について解説している本です。日本語で実際に書かれた「特許請求の範囲」を英訳し，米国特許クレームを作成していくという実践的な内容になっています。具体的には，公開特許公報である特開2009-247752号公報（「飲料バッグ及びその製造方法」）の「特許請求の範囲」に記載されている5つの請求項（モノに関する独立項1つとその従属項2つ，方法に関する独立項1つとその従属項1つ）を題材にして，これら1つ1つの請求項を英訳して米国特許クレームに仕上げていく過程をステップ・バイ・ステップ形式で解説しています※1。

対象とする読者

　本書は，特許請求の範囲を含む特許明細書の英訳を業務として行っている方，具体的には特許翻訳者のほか，企業の知財担当者，特許事務所で外国出願を担当している方，大学等の研究者で，米国特許クレームを作成する必要がある方などを主な対象にしています。また，専門用語にはできるだけ説明や定義を付すなどして，特許翻訳の初学者の方にとってもわかりやすい内容にするよう努めました。

　米国特許クレームの作成実務は条文や判例解釈の蓄積を土台としており，類書にはこれらを論じた高度に専門的な（ときに難解な）内容のものが多く見られますが，本書はできる限り実務に徹し，読者がすぐに応用できるような知識やテクニックを多く記載しています。また，本書はいわゆる米国出願用の翻訳について解説していますが，筆者の経験から，本書における英文クレーム作成についての解説の多くは，原文に忠実な翻訳が求められるといわれているいわゆるPCT出願用の翻訳にも応用できるため，本書は専らPCT出願用の翻訳を行っている翻訳者にも役立つ内容になっていると自負しています。

本書の目的

　本書は，翻訳者が「特許請求の範囲」を米国出願用に英訳するにあたり，どのような点に注意しながら英訳すべきかを提案することを目的としています。翻訳者が米国出願用の英訳を依頼される際，多くの場合，依頼主から翻訳方針

についての指示や要望があります。翻訳方針は依頼主によって異なり，例えば，原文の誤記を訂正する以外はできるだけ原文に忠実に英訳し，意訳はしないで欲しいという要望もあれば，米国特許を有効活用できるように米国特許実務に沿った英訳をして欲しいという要望もあります。前者の要望は，1つの言語で書かれた文章を他の言語に移し替えるという翻訳者の本来の役割を求めたものといえるため，翻訳者にとって比較的対応しやすい要望です。これに対して，後者の要望に対応するためには，米国特許実務などに関する知識や経験が必要な上，実務家のあいだで意見の分かれる事項もあるなど，対応が比較的難しく，多くの翻訳者から，どのように（あるいはどこまで）対応すべきかわからないといった声を聞いてきました。本書は，このような声に応え，米国特許実務に沿ったクレーム英訳のアプローチ方法を提案するものです。

本書の構成・利用法

本書は，原文である「特許請求の範囲」をできるだけ忠実に訳した上で，これを米国式にリライトしたクレーム例を提示し，リライトした内容を［1］～［99］からなる解説により詳細に説明していくという構成になっています。各解説はそれ以前の解説を前提としているため，本書を解説の番号順に読み進めることが推奨します。ただし，本書を一通り読み終えた後は辞書的な使い方ができるように，索引に主要なキーワードを載せておきました。また，本書の理解をより深めるために，特開2009-247752号公報（巻末付録1）を事前に一通り読んでおくことを推奨します。また，巻末付録2として，同公報の明細書本文を米国出願を念頭に置いて英訳した例を記載しています。

本書で使用する「クレーム」などの用語について

本書では，「請求項」と「クレーム※2」を基本的に次のように使い分けています。

日本語で書かれたものを「請求項」と表記し，請求項を英訳したものを「クレーム」と表記しています（例えば，請求項1を英訳したものをクレーム1と表記します）。ただし，一部の説明で，日本語で書かれたものでもやむを得ず「クレーム」と表記することがあります。また，文脈によりクレームを「英文クレーム」としたり，単に「英訳」や「翻訳」，「英文」と表記することもあります。さらに，米国出願用の英文クレームであることを強調するために，「米国特許クレーム」と表記することもあります。これらはすべて，原文日本語をもとに翻訳あるいは作成した英文を意味しています。

　また，本書の説明のなかで，請求項をもとに米国特許クレームを「作成」すると表現している箇所があります。ここでいう「作成」とは，原文である請求項をもとにして，各Chapterで提案するさまざまなポイントを考慮しつつ英訳することを意味しています。ただし，文脈によっては「作成」と「英訳」が同じこと（英文クレーム作成）を意味する場合もあります。

謝辞

　本書を出版するにあたり，編集上の有益な助言を多く与えて下さった，株式会社講談社サイエンティフィクの三浦洋一郎氏に感謝いたします。また，特開2009-247752号公報を本書の題材に使用することを快く承諾して下さった，株式会社陶和[※3]の渡辺正道社長に感謝いたします。さらに，米国特許弁護士の小野康英氏（Westerman Hattori Daniels & Adrian, LLP）にも感謝いたします。小野弁護士は，本書で随所に引用している*PATENT PRACTICE*（Irving Kayton著）をはじめ多くの資料を提供いただき，また忙しい合間を縫ってミーティングや電子メール，電話等で実務家としての貴重な意見を寄せて下さいました。そして最後に，筆者がかつて勤めていた米国法律事務所の代表であり，筆者を米国特許の世界へ招き入れて下さった，米国特許弁護士の森昌康氏（Mori & Ward, LLP）に深く感謝いたします。

2020年8月

大島祥貴

※1：公開特許公報の【特許請求の範囲】をもとに米国式英文クレームを作成するというようなことは実務ではまず行われませんが，本書では練習の目的で公開特許公報を題材に使用しています。

※2：「クレーム」は日本語では「文句を言う」というニュアンスをもって使用されますが，英語では（そして特許業界では），「権利を主張する」ことを意味します。
claim: "to demand or ask for sth because you believe it is your legal right to own or to have it". ("claim". Oxford Advanced Learner's Dictionary of Current English. Oxford University Press, 9th ed., 2015, p.267.)

※3：株式会社陶和 代表取締役 渡辺正道　本社所在地：東京都府中市白糸台3-37-4　TEL: 042-369-3131　HP: http://www.kktowa.co.jp

CONTENTS

Chapter 1
クレームの位置と英文法構造

　これから，特開2009-247752号公報の【特許請求の範囲】を題材にして，米国英文クレームを作成していきます。Chapter 1では，クレーム作成の前に，まず特許明細書におけるクレームの位置やクレームの英文法的な構造など，クレーム全般に関する事柄を見ていきます。

［1］クレームは明細書本文の後に記載する

　特開2009-247752号公報のような公開特許公報（特許出願から1年6ヶ月後に日本特許庁が発行する，出願内容を記した公報）では，特許請求の範囲が表紙ページの次のページに配置されています。これに対して，米国出願用の特許明細書では，クレームは明細書本文（発明の詳細な説明）の後に記載することが米国特許法第112条（b）（35 U.S.C. §112(b)，以下，「§112(b)」）に規定されています。

> §112(b)
> Conclusion. The specification shall conclude with one or more claims particularly pointing out and distinctly claiming the subject matter which the inventor or a joint inventor regards as the invention.
> 【参考日本語訳】
> （b）結論. 明細書は，発明者または共同発明者が自己の発明と考える主題を具体的に特定し，かつ，明瞭に請求する1以上のクレームで終わらなければならない。

この規定では，明細書はその結論としてクレームで終わることとされており，クレームが明細書の最後に記載されることが示唆されています。この規定を踏まえて，M.P.E.P.[※1] §608.01(m)[※2]には，クレームの記載位置がより具体的に示されています。

1　1 Manual of Patent Examining Procedure（特許審査便覧）。米国特許商標庁（United States Patent and Trademark Office, 以下，「USPTO」）が発行している審査官向けの審査ガイドライン。

2　[R-07.2015].（2015年7月に改定された版のM.P.E.P.であることを示す）

M.P.E.P. §608.01(m)

The claim or claims must commence on a separate physical sheet or electronic page and should appear after the detailed description of the invention.

【参考日本語訳】

クレームは，紙面または電子ページにおいて，発明の詳細な説明の後に改ページして始めなければならない。

この規定では，クレームは独立したページとすること，クレームは発明の詳細な説明の後に配置することが示されています。この規定に従って，米国出願用の特許明細書では，クレームを明細書本文の最終段落の次のページに配置するのが一般的です。依頼主から提供される原文ファイルには，まれに特許請求の範囲が明細書の1ページ目に配置されていることがありますが，米国出願用の特許明細書を作成する際は，クレームを上記規定の位置に配置すべきと考えられます。

[2] クレームは明細書の一部を構成する

上述のように，§112(b) には，明細書はその結論としてクレームで終わると規定されています。この規定からわかるように，米国では，クレームは明細書の一部を構成する書類という扱いになっています。そして，このようなクレームを含む概念としての明細書を一般的に specification と表記するのに対して，次の例のように，クレームや図面と区別する意味での明細書（明細書本文）を description と表記することがあります。

The <u>description</u> portion of the <u>specification</u> may contain tables, but the same tables should not be included in both the drawings and description portion of the specification.[3] （下線は筆者による付加）

---

3 37 C.F.R. §1.58(a). "37 C.F.R." は，"Title 37 of the Code of Federal Regulations" を表し，米国特許法（35 U.S.C.）を補足する細かな規則を記載。注1のM.P.E.P.は，35 U.S.C.や37 C.F.R.，判例に基づいて書かれた審査マニュアル。詳しくは以下を参照。
小野康英."連載・米国特許法解説；第4回：米国特許法の基本〜MPEPの法規範性〜". 米国特許翻訳社ホームページ. 2019. http://beikokupat.com/us-patent/number4/

これに対して，日本では，特許請求の範囲は明細書の一部ではなく，明細書とは別の書類という扱いになっています。

> 日本国特許法第36条2項
> 願書には，明細書，特許請求の範囲，必要な図面及び要約書を添付しなければならない。

［3］クレームが見出しの目的語または補語になるようにする

次に，クレームの見出し（本例では WHAT IS CLAIMED IS:）について見ていきます。見出しの形式については，上記 M.P.E.P. §608.01(m) において次のような形式が推奨されています。

> M.P.E.P. §608.01(m)
> …, the present Office practice is to insist that each claim must be the object of a sentence starting with "I (or we) claim," "The invention claimed is" (or the equivalent).
> 【参考日本語訳】
> 現在の庁実務として，各クレームを "I (or we) claim," や "The invention claimed is" あるいは同等表現の目的語とした1文となるようにすることを強く推奨する。

ここでは，1つ1つのクレームを見出しの目的語とすることが推奨されており，そのような見出しの例として "I (or we) claim," と "The invention claimed is" が挙げられています。

最初の例 I (or we) claim, では，claim（クレームする）という動詞が使われています。したがって，I (or we) claim, を使用した場合，これに続くクレームは，動詞 claim の目的語になります。

2番目の例 The invention claimed is は，最後が is となっているため，これに続くクレームは厳密には補語になりますが，これも広い意味での目的語ととらえられていると考えられます。そして，これらの例の後には，"(or the equivalent)"（同等表現）という文言が添えられています。つまり，クレームが見出し部分の目的語または補語になるようにすれば，I (or we) claim, や The invention claimed is と同等の表現を使用することができると考えられ

ます。本書ではこのように解釈して，I (or we) claim, や The invention claimed is よりも日本の出願人にとって馴染みのある見出しである WHAT IS CLAIMED IS: を使用しています。この場合，WHAT IS CLAIMED IS: の最後が IS になっており，続くクレームが補語になるため，The invention claimed is と同様であり，(or the equivalent) に当てはまると考えられます。

　このように，文法的に考えると，米国特許クレームは全体（見出し＋クレーム）として「S＋V＋O」または「S＋V＋C」の構造をもつ1つの文章になっていることがわかります。つまり，例えば，

The invention claimed is:

1. A device comprising: A; B; and C.

というクレームがあるとすると，The invention claimed is: が S（Subject），is が V（Verb），そして "1. A device comprising: A; B; and C." が C（Complement）という「S＋V＋C」構造になっています。

　なお，前記 M.P.E.P. §608.01(m) に記載の a sentence（1つの文章）とは，文頭が大文字で始まり（The invention claimed is: の The），文末がピリオドで終わる（A; B; and C. の "."），という通常の英文法ルールに従った1つの英文であると考えられます。このような一般的な英文とクレームがスタイルにおいて異なる点として，クレームでは見出しの先頭（The invention claimed is: の The）以外にクレームの先頭も大文字にするため（A device の A），1文のなかで大文字を使用する単語が2つ存在する（The と A）という点があります。米国特許クレーム作成に関する権威ある指南書である *Faber on Mechanics of Patent Claim Drafting*（以下，「*Faber*」）において，類似の解説がされています。

> Standard Office practice also is to insist that each claim begin with a capital or upper-case letter and end with a period, so that each claim reads as a complete sentence when taken with the introductory words, for example, "I claim," "We claim," "The invention claimed is,"[3] or "What is claimed is," or the equivalent language. Except for such standard capitalization as °C.,[4] no other capital letters may appear in the body of the claim.[※4]

【参考日本語訳】
標準的な庁実務として，各クレームを大文字で始めピリオドで終える
ことが強く推奨される。これにより，クレームを，例えば I claim や
We claim, The invention claimed is, What is claimed is または
同等の導入表現で始まる完全な一文となるように記載しなければなら
ない。標準的に大文字で表記される「℃」などを除き，クレームにお
いて文頭以外を大文字にしてはならない。

ここまで，米国特許クレームについて，見出しを中心に検討してきました。次
の Chapter から，請求項1をもとにした英文クレームを作成していきます。

特許英語の基本をチェック 1

英文明細書の書式

　米国出願用の英文明細書の書式は，37 C.F.R. §1.52（Language,
Paper, Writing, Margins, Compact Disc Specifications）に規定され
ています。以下に主要な項目を記載します。

用紙サイズ
　A4（21.0 cm × 29.7 cm）とする（37 C.F.R. §1.52(a)(1)(ii)）。

用紙の余白（マージン）
　上下余白を少なくとも2.0 cm，左余白を少なくとも2.5 cm，右余白を
少なくとも2.0 cm とする（37 C.F.R. §1.52(a)(1)(ii)）。

用紙の向き
　縦向きとする（portrait orientation, 37 C.F.R. §1.52(a)(1)(iii)）。
ただし，表，数式，化学式などが縦向きでは適切に記載できない場合は，
横向きにしてもよい（landscape orientation, 37 C.F.R. §1.58(c)）。

4　Faber, Robert C. "Chapter 2 Claim Forms and Formats in General", "§2:2 Single Sen-
tence". Faber on Mechanics of Patent Claim Drafting, 7th ed., Practising Law Institute,
2017.

行間

1.5スペースまたはダブルスペースとする（37 C.F.R. §1.52(b)(2)(i)）。

（1.5スペースはキーボードの「Ctrl」＋「5」キー，ダブルスペースは「Ctrl」＋「2」キーを押すと設定できる）

フォント

Arial, Times Roman, Courier などの，筆記体や手書きのように見えないフォントとする（nonscript type font, 37 C.F.R. §1.52(b)(2)(ii)）。

フォントサイズ

好ましくは12ポイントとする（37 C.F.R. §1.52(b)(2)(ii)）。

ページ番号

1から始まる連続したページ番号を，好ましくはページ下余白に中央揃えして記載する（37 C.F.R. §1.52(b)(5)）。

段落番号①

クレームと要約以外の各段落のはじめに，少なくとも4桁の段落番号を角括弧で囲ったものを配置し（例 **[0001]**），そのあとに約4つ分のスペースを開けてから文章を始める（37 C.F.R. §1.52(b)(6)）。

段落番号②

表，数式，化学式，化学構造，配列データなどには，独立した段落番号を付与してはならない（37 C.F.R. §1.52(b)(6)）。

段落番号③

見出しには独立した段落番号を付与してはならない（37 C.F.R. §1.52(b)(6)）。

Chapter 2
モノに関する独立クレーム

原文請求項

【請求項1】

　カップ内に飲料を抽出する際に用いられる飲料バッグにおいて，
（→ Section 1）

　メッシュ状の合成樹脂からなる一対の袋構成シートを重ね合わせた状態で，一対の前記袋構成シートの周縁部同士を熱圧着することによって構成され，抽出原料を内包した袋体と，（→ Section 2 ～ 9）

　一対の前記袋構成シートを繋ぐように一体形成され，メッシュ状の合成樹脂からなり，中央部が折り曲げられた吊り片と，（→ Section 10, 11）

　を備えたことを特徴とする飲料バッグ。

原文を忠実に訳した英文クレーム例

1.　A beverage bag used when a beverage is made in a cup by infusion, the beverage bag comprising:

a bag body configured by, in a state in which a pair of bag-constituting sheets made of a mesh-like synthetic resin are overlapped, thermo-compression bonding perimeter portions of the pair of bag-constituting sheets, the bag body containing therein an infusion material; and

a hanging string integral to the pair of bag-constituting sheets such that the hanging string connects the pair of bag-constituting sheets to each other, the hanging string being made of the mesh-like synthetic resin and folded at a middle portion of the hanging string.

米国式にリライトした例

1.　A beverage bag comprising:

a body comprising a pair of sheets comprising a meshed material, the pair of sheets being superposed on each other with perimeter portions of the pair of sheets in so close contact with each other that an infusion material is held between the pair of sheets; and

a string comprising the meshed material and integral to the pair of sheets, the string being folded over and connecting the pair of sheets to each other.

Chapter 2から，請求項1をもとにした米国特許クレームを作成していきます。「原文を忠実に訳した英文クレーム例」は，原文である請求項1をできるだけ忠実に訳した例です（以下，「忠実訳例」）。忠実訳例は，担当した翻訳者や使用した翻訳ツールによって多少のばらつきは起こるものの，おおよそこのようになるのではないかと思われます。「はじめに」で少し触れたように，ある程度の経験を積んだ翻訳者であれば，このような忠実訳を行うことは比較的容易な作業と思われます。したがって，このChapterでは，読者が忠実訳例のような訳を作ることができるという前提に立ち，これをもとに「米国式にリライトした例」（以下，「リライトクレーム例」）を作成する過程を解説の中心にしていきます。

解説を始める前に，本書が前提としている以下の2点について説明します。

リライトクレーム例はあくまでも参考訳

リライトクレーム例は，忠実訳例よりも米国特許実務に沿った訳例になっています。具体的には，リライトクレーム例では，原文の一部をあえて訳出しないという対応をとったり，原文の意図を明確にするための書き換え（いわゆる意訳）を行うといった対応をとっています。このような対応は，依頼主によっては翻訳者の役割を超えた対応ととらえられることがあります。原文をどのように表現するかは最終的に出願人が先行技術との兼ね合いなどから判断することであり，翻訳者の一存で決めることができないことが多々あります。本書は，出願人ではない翻訳者が翻訳を担当することを想定しており，リライトクレーム例は米国特許クレームを作成する際の考え方を説明するための参考訳と位置付けています。翻訳者は，本書に示す数々の解説のうち，翻訳現場で実際に取り入れることができると判断するものを適宜取り入れることが推奨されます。

忠実訳例をリライトできる根拠について～パリ条約第4条H，米国特許法第119条＆112条 (a) ～

リライトクレーム例は，パリ条約[*1]に基づく優先権主張[*2]を伴う米国出願，

1　工業所有権の保護に関するパリ条約。「1883年にパリにおいて，特許権，商標権等の工業所有権の保護を目的として，「万国工業所有権保護同盟条約」として作成された条約。[…]「内国民待遇の原則」，「優先権制度」，「各国工業所有権独立の原則」などについて定めており，これらをパリ条約の三大原則という。」
　　工業所有権の保護に関するパリ条約. フリー百科事典ウィキペディア日本語版. https://ja.wikipedia.org/wiki/工業所有権の保護に関するパリ条約.

いわゆるパリルートでの米国出願を想定して作成しています。日本の出願人が
パリルートで米国出願を行う場合，通常[※3]，日本出願時の特許明細書（日本
語）を英訳することによって米国出願用の英文明細書を作成し，作成した英文
明細書を，日本出願日から12ヶ月以内に米国特許庁に提出します。英文明細
書に含まれる英文クレームを作成するにあたり，日本出願時の請求項の内容を
書き換えたり，日本出願時の請求項には含まれていなかった内容の英文クレー
ムを追加したりといった実務が頻繁に行われます。このように，日本出願時の
請求項と米国出願用の英文クレームが完全には一致していない場合，その英文
クレームについて優先権が認められる直接的な根拠は，パリ条約第4条Hと
なります。

Article 4H of the Paris Convention
Priority may not be refused on the ground that certain elements
of the invention for which priority is claimed do not appear
among the claims formulated in the application in the country of
origin, provided that the application documents as a whole spe-
cifically disclose such elements.

【参考日本語訳】
優先権は，発明の構成部分で当該優先権の主張に係るものが最初の出
願において請求の範囲内のものとして記載されていないことを理由と
しては，否認することができない。ただし，最初の出願に係る出願書
類の全体により当該構成部分が明らかにされている場合に限る。[※4]

2　パリ条約第4条。「例えば，2005年1月1日に同盟国Xにおいて発明イについて特許出願Aをした
　　者が，優先権を主張して2006年1月1日に同盟国Yに発明イについて特許出願Bをした場合，同
　　盟国Yにおいては，新規性，進歩性の判断等において，現実の出願日である2006年1月1日ではな
　　く第1国（同盟国X）出願日である2005年1月1日に出願したものとして取り扱われる。したがって，
　　2005年9月1日に発明イと同一の発明が公知となっても，それを理由として2006年1月1日にさ
　　れた特許出願Bに係る発明イの新規性は否定されない。」
　　工業所有権の保護に関するパリ条約．フリー百科事典ウィキペディア日本語版．https://
　　ja.wikipedia.org/wiki/工業所有権の保護に関するパリ条約．

3　「通常」とある通りに例外もあり，米国出願時に日本語の明細書を提出し，所定期間内に英語の翻
　　訳文を提出することも可能（別途費用あり，37 C.F.R. §1.17(i)）。37 C.F.R. §1.52(d) ("A non-
　　provisional or provisional application under 35 U.S.C. 111 may be in a language other
　　than English.").

4　パリ条約．日本特許庁ホームページ．
　　https://www.jpo.go.jp/system/laws/gaikoku/paris/patent/chap1.html.

すなわち，例えば，米国出願用に作成した英文クレームの内容が日本出願時の請求項に含まれていないと解釈される場合でも，英文クレームの内容が日本出願時の出願書類全体に開示されていると認定できるときには，パリ条約第4条Hにより，英文クレームには優先権が認められるとされています。

実際の米国特許実務では，日本出願時の請求項と完全には一致しない米国出願用の英文クレームについて優先権が認められるかどうかを，米国特許法第119条（外国出願に基づく優先権）と，第112条(a)（明細書の記述要件―クレーム発明は明細書中に記載されていなければならないという要件）の問題として処理します。すなわち，日本出願時の請求項と完全には一致しない米国出願用の英文クレームについて優先権が認められるためには，その英文クレームの内容が，日本出願時の出願書類全体及び米国出願の明細書の両方に，米国特許法第112条(a)の要件[5]を満たすかたちで記述されていることが必要です（M.P.E.P. §2163.03(III)[6]参照）。リライトクレーム例は，この要件を満たすよう注意を払いつつ作成しました。

Section 1 プリアンブルと移行部

このSectionでは，請求項1のプリアンブル（後述）を中心に見ていきます。

[4]「飲料バッグ」のカテゴリを確認する

まず，米国特許クレームを作成するにあたり，請求項1の主題である飲料バッグが米国特許法に規定されるカテゴリに該当するかどうかを確認します。カテゴリとは，35 U.S.C. §101（以下，「§101」）に次のように規定される4つのカテゴリ（process, machine, manufacture, composition of matter）のことをいい[7]，これら4カテゴリのいずれかに該当する発明が米国特許を受

5　112条(a)に規定されている，いわゆる3要件（written description, enablement, best mode）。

6　[R-07.2015]（2015年7月に改定された版のM.P.E.P.であることを示す）

7　「法定クラス」(the statutory classes) ともいう。Faber, Robert C. "Chapter 1 Statutory Provisions--Some Basic Principles", "§1:3 The Statutory Classes". Faber on Mechanics of Patent Claim Drafting, 7th ed., Practising Law Institute, 2017. ("These are 'process, machine, [article of] manufacture, or composition of matter,' usually termed 'the statutory classes.'").

けることができる（patent eligible）とされています。

> 35 U.S.C. §101
> Whoever invents or discovers any new and useful <u>process, machine, manufacture, or composition of matter</u>, or any new and useful improvement thereof, may obtain a patent therefor, subject to the conditions and requirements of this title. (下線は筆者による付加)
> 【参考日本語訳】
> 新規かつ有用な方法，機械，製造物もしくは組成物，またはそれらについての新規かつ有用な改良を発明または発見した者は，本法に定める条件及び要件に従い，それらについて特許を取得することができる。

　これら4カテゴリのうち，請求項1の飲料バッグは§101の manufacture に該当すると考えられます。その理由は，請求項1全体の記載内容から，飲料バッグは原材料である袋構成シートなどを加工することによって得られる製造物と考えられ，これが M.P.E.P. §2106.03(I) において下記のように定義されている manufacture に合致すると考えられるためです[8]。

> M.P.E.P. §2106.03(I)
> A manufacture is "a tangible article that is given a new form, quality, property, or combination through man-made or artificial means." ... As the courts have explained, manufactures are articles that result from the process of manufacturing, i.e., they were produced "from raw or prepared materials by giving to these materials new forms, qualities, properties, or combinations, whether by hand-labor or by machinery."[9]

　なお，上記4カテゴリのうち，process（方法）には請求項4が該当し，process に該当するクレームを一般的に方法クレームと呼びます（方法クレームについては Chapter 4 と5で扱っています）。残りの3カテゴリである machine, manufacture, composition of matter は，まとめて things や products と言い

8　カテゴリをより専門的に分析する方法（eligibility analysis）については，M.P.E.P. §2106.03-2106.04を参照。

9　[R-08.2017].（2017年8月に改定された版のM.P.E.P.であることを示す）

換えることができます[※10]。そして，thingsやproductsはどちらも「モノ」といえるため，以下，これら3カテゴリmachine, manufacture, composition of matterに該当するクレームをモノクレームと呼ぶこととします。

このように，「カテゴリ」という言葉が使用されるとき，上記4カテゴリを意図する場合と，モノ（machine, manufacture, composition of matterをまとめた概念）と方法という2つのカテゴリを意図する場合とがあります。米国特許クレームの作成にあたり，クレームしようとしている発明のカテゴリを念頭に置きながら作業するのが実務の基本です。

［5］プリアンブルを発明の名称に一致させる

【原文】カップ内に飲料を抽出する際に用いられる飲料バッグにおいて，

【忠実訳例における対応部分】A beverage bag used when a beverage is made in a cup by infusion, the beverage bag comprising:

【リライトクレーム例における対応部分】A beverage bag comprising:

原文「カップ内に飲料を抽出する際に用いられる飲料バッグにおいて，」は，請求項の「導入部」や「プリアンブル」と呼ばれています（以下，「プリアンブル」）。言い換えると，プリアンブルは，請求項の冒頭から，「〜において，」や「〜であって，」[※11]と書かれている部分までをいいます。

米国特許クレームでは，プリアンブルは発明のカテゴリを示す役割を果たし，また発明の名称と一致させるのが一般的です。以下は，*Faber*とともに本書が頻繁に参照するクレーム指南書である *Essentials of Patent Claim Drafting*（以下，「*Essentials*」）から関連箇所を引用したものです。

> The preamble defines the category of the invention, ... and is usually consistent with the title of the invention.[※12]

---

10 [R-08.2017]. ("The other three categories (machines, manufactures and compositions of matter) define the types of physical or tangible 'things' or 'products' that Congress deemed appropriate to patent.").

11 「〜において，」は「〜」の部分が従来技術であることを示唆し，「〜であって，」は「〜」の部分が従来技術であることを示唆しないとされている。
米国特許翻訳社. "米国特許用語集：preambleにおける「〜において」と「〜であって」の違い". 米国特許翻訳社ホームページ. 2019. http://beikokupat.com/uspatent_glossary/preamble-nioite-deatte/

【参考日本語訳】
プリアンブルは，発明のカテゴリを定義し，（中略）発明の名称と一致するのが通常である。

プリアンブルを発明の名称に一致させるということは，発明の名称に含まれていないものはプリアンブルにも含めないともいえます。これを本例に当てはめてみると，発明の名称は「飲料バッグ及びその製造方法」であり，このうち「飲料バッグ」が請求項1に対応します（「その製造方法」は請求項4に対応）。これに対して，請求項1のプリアンブルは「カップ内に飲料を抽出する際に用いられる飲料バッグにおいて」であるため，発明の名称に含まれていない「カップ内に飲料を抽出する際に用いられる」などは英文のプリアンブルには含めず，発明の名称と同じ「飲料バッグ」（beverage bag）にするということになり，実際に，本書ではクレーム1のリライトクレーム例において，プリアンブルを beverage bag としています（これについては後述）。

　ただし，上記引用文にあるように，プリアンブルは発明のカテゴリを定義する役割を果たすことから，発明の名称に一致させたプリアンブルには，発明のカテゴリを十分に定義できる程度の説明が含まれている（sufficiently descriptive[13]）必要があります。より詳しくは，読み手，特に当業者（発明が属する技術分野の通常の知識を有する架空の人物[14]）が，プリアンブルに記載された内容から発明のカテゴリを判断できる必要があるとされています[15]。これを本例に当てはめてみると，発明の名称に一致させたプリアンブル beverage bag から，当業者がティーバッグのような「モノ」を連想できる必要があると考えられます。本書では，beverage bag から当業者がそのよう

---

12 Rosernberg, Morgan D. Essentials of Patent Claim Drafting, 2019 ed., LexisNexis, 2018, §3.01[1], p.50.

13 出典は注12と同じ，§1.01[3], p.8. ("'A chair' is a general field of invention, and since most of us know what chairs are, it is sufficiently descriptive without further verbiage. For an invention which is truly new and novel, and for which there are no common words, a lengthier preamble is often necessary.").

14 当業者．フリー百科事典ウィキペディア日本語版．https://ja.wikipedia.org/wiki/当業者

15 Rosernberg, Morgan D. Essentials of Patent Claim Drafting, 2019 ed., LexisNexis, 2018, §1.01[3], p.6. ("… if you are claiming a structure which is well known, such as a chair or a television or a wheel, it is not necessary to define 'An apparatus for display-ing viariable visual imagery' or 'An apparatus for selective rotation about a central axis,' since any person 'skilled in the art' (i.e., with technical knowledge in the field) already knows that these things are apparatuses (as opposed to, for example, a method of manufacturing a chemical composition).").

な連想ができると仮定することとします。

[6] プリアンブルをできるだけ短くする

一般的に，発明の名称は端的に記載されることが多いため，上述のようにプリアンブルを発明の名称に一致させることは，プリアンブルを端的に，つまり短く記載することともいえるかもしれません。筆者は，依頼主からプリアンブルをできるだけ短くするように，との指示を受けることがよくあります。実際に，プリアンブルはできるだけ短く記載するのがよいとされています（*Faber*）。

> Preambles may be quite long or very short, depending on the type of claim one is using, but a shorter preamble is preferred.[16]
> 【参考日本語訳】
> プリアンブルは，クレームのタイプによって非常に長くも短くもなりうるが，短いほうが好まれる。

プリアンブルを短く記載するための一例として，先行技術に開示されていない特徴をプリアンブルに記載しないという実務があります（具体例は後述）。この背景としては，以下の2つの引用文にあるように，審査官はクレームの新規性[17]と非自明性[18]を判断するにあたり，プリアンブルの記載を考慮に入れない傾向にあることが考えられます（前者：『米国特許クレーム入門』，後者：*A Technique To Assert The Patentable Weight Of A Claim Preamble*（以下，「*A Technique*」））。

---

16 Faber, Robert C. "Chapter 2 Claim Forms and Formats in General", "§2:4 Preamble". Faber on Mechanics of Patent Claim Drafting, 7th ed., Practising Law Institute, 2017.

17 新規性（novelty）は，クレームに特許性がある（patentable）と判断されるために満たされなければならない条件（特許要件）の1つ。米国特許法第102条（35 U.S.C. §102）に規定されている。クレームされた発明は，先行技術と比較して新規でなければならない（先行技術と同一のものであってはならない）という特許要件。クレームに記載されているすべての構成要素が，ある1つの先行技術に記載されている場合，クレームはこの先行技術に対して新規性がないとして§102に基づき拒絶される（このような拒絶は，a §102 rejection，a novelty rejectionなどと表現される）。Kayton, Irving. PATENT PRACTICE, Vol.3, 8th ed. Patent Resources Institute, 2004, p.11.30. ("Both the USPTO and Federal Circuit require that for a claimed invention to be properly rejected under §102 based upon a prior art reference, the claimed invention must be completely described or illustrated within the four corners of that reference, i.e., 'anticipated' by a single reference.").

　導入部に関して米国で特徴的なことは，導入部での限定は原則として（少なくとも米国特許庁においては）構成要素として認めてもらえないことです。導入部の限定は，限定として，発明を限定するものではないとされているのです。米国特許庁における審査の段階では，導入部の限定はほとんど無視して審査が行われます。[19]

Examiners generally decline to consider the novelty and non-obviousness of a claim's preamble because preambles tend to only provide a context or a purpose for a claimed invention.[20]

【参考日本語訳】
プリアンブルは概してクレーム発明に特定の文脈や目的を与えるに過ぎないことから，審査官はプリアンブルの新規性及び非自明性を考慮したがらない傾向にある。

　具体例として，*A Technique* には以下のようなクレームが例示されており，プリアンブルに含まれる下線部（the packet including … a destination address）が先行技術にはない特徴であったとしても（先行技術と差別化したい特徴であったとしても），審査官はクレームの新規性と非自明性の判断にあたり下線部を考慮に入れない可能性があると解説されています。

18　非自明性（non-obviousness）は特許要件の1つで，米国特許法第103条（35 U.S.C. §103）に規定されている。クレームされた発明は，先行技術に対して非自明でなければならないという特許要件。クレームに記載されている構成要素をすべて記載する1つの先行技術が存在しない場合，クレームを§102に基づいて拒絶することはできないため，代わりに§103が適用されることがある。例えば，クレームに記載の構成要素（a, b, c）のうち，aとbがある1つの先行技術に記載されており，残りのcが別の先行技術に記載されている場合，これら2つの先行技術を組み合わせることが当業者にとって自明であった場合，クレームは2つの組み合わせに対して自明である（非自明性がない）として§103に基づき拒絶される（このような拒絶は，a §103 rejection, a non-obviousness rejectionなどと表現される）。Kayton, Irving. PATENT PRACTICE, Vol.3, 8th ed. Patent Resources Institute, 2004, p.11.32. ("When the examiner does not find a single pior art reference that anticipates the claimed invention, but finds one or more pior art references that would have rendered the claimed invention obvious to a person of ordinary skill in the relevant art at the time the invention was made, a rejection under §103 is proper.").

19　木梨貞男. 米国特許クレーム入門. 財団法人発明協会, 2007, p.4.

20　Kondoudis, Michael E. "A Technique To Assert The Patentable Weight Of A Claim Preamble". Patentably Defined. The Law Office of Michael E. Kondoudis. http://patentablydefined.com/2007/10/05/a-technique-to-assert-the-patentable-weight-of-a-claim-preamble

A method of transmitting a packet over a system including a client and a source device, <u>the packet including</u> a source address and <u>a destination address</u>, the method comprising:
assigning, by the source device, one of plural trees to broadcast the packet to the destination address; …
associating with the packet an identifier indicative of one of the trees.[20] （下線は筆者による付加）

この場合の対応策として，下記『米国特許クレーム入門』の解説にあるように，プリアンブルに記載されている特徴を本体部に移動するという実務があります（具体例は後述するコメントの代替案2を参照）。

　　審査の段階においては，補正できますので，導入部の記載に基づいて，新規性や進歩性を主張するのではなく，その記載をクレームの本体部に移動させてから，新規性や進歩性を主張するべきものとされているのです。／クレームに記載されていることが，発明を限定するものではないということは，日本の実務からは考えにくいことでしょうが，米国では，原則としてそのように考えられています。[21]

このように，プリアンブルの記載は審査において発明を限定するものとして考慮されない傾向にあることから，発明を限定するものとして意図した記載（あるいは発明を限定させる可能性のある記載）をプリアンブルに書かない（その分プリアンブルが短くなる）という実務が行われているものと考えられます[22]。
　ただし，下記のように，プリアンブルの記載が新規性と非自明性を判断するにあたり考慮されないという扱いには例外があります（『米国特許クレーム入門』）。

　　ただし，どのような場合も無視されるということではなく，特許になった段階では，クレーム解釈に考慮されることもあり得ます。[23]

---

21 木梨貞男. 米国特許クレーム入門. 財団法人発明協会, 2007, p.4.
22 *A Technique*には，プリアンブルに特許性のある特徴を記載した場合に，その特徴に特許性があることを審査官に対して主張するための反論文が例示されている。

このように，クレームが審査を経て特許になった後，例えば特許訴訟におい
て，プリアンブルの記載が重要な限定であると判断され，クレームが出願人の
意図に反して限定的に解釈される場合があるとされています（例えば，A bev-
erage bag used when a beverage is made in a cup というプリアンブルの場
合，飲料を cup に入れる場合のみの飲料バッグに限定される，など）。どのよ
うな場合にプリアンブルの記載が重要と判断されるかについては，個別具体的
な（ケース・バイ・ケースの）判断が行われるとされており，明確に判断でき
るリトマス試験紙のようなものは存在しないとされています（M.P.E.P.
§2111.02[※24]）。したがって，限定的な解釈への備えとして，プリアンブルを
できるだけ短くすることによって解釈する材料を少なくし，限定的に解釈され
る可能性を低くすることが考えられます。

　このように，①プリアンブルの記載は審査において考慮されないことが多い
ことと，②逆に特許付与後にはプリアンブルの記載が限定的な解釈に利用され
る可能性があることを踏まえると，プリアンブルはできるだけ短く記載した方
がよいと考えられます。

　プリアンブルを短く記載するための別の一例として，プリアンブルに目的
（purpose, object）や用途[※25]（intended use）を記載しないという実務があ
ります。この実務も，上記の①，②が背景にあると考えられます。すなわち，
①に関して，審査においては，目的や用途は新規性と非自明性の判断材料にな

23　木梨貞男. 米国特許クレーム入門. 財団法人発明協会, 2007, p.4.

24　[R-08.2012].（2012年8月に改定された版のM.P.E.P.であることを示す）("The determination
of whether a preamble limits a claim is made on a case-by-case basis in light of the
facts in each case; there is no litmus test defining when a preamble limits the scope of
a claim."). プリアンブルの記載によってクレームが限定的に解釈されるのを避けるための一案と
して，*Faber*は，プリアンブルに記載した名詞がクレーム本体部において先行詞（antecedent ba-
sis）となるような形式にしないことを推奨している。例えば，プリアンブルにおいてa cupと記載し，
それを受けてクレーム本体部においてthe cupとするような形式を避けるべきとしている。
Faber, Robert C. "Chapter 2 Claim Forms and Formats in General", "§2:4 Preamble".
Faber on Mechanics of Patent Claim Drafting, 7th ed., Practising Law Institute, 2017.
("But if an element in the body of the claim relies upon or derives antecedent basis from
the preamble, … then it may be a necessary component of the claim.[16] Good advice
may be to not rely on the preamble for antecedent basis for an element in the body of
the claim.").

25　用途クレーム（use claim）という方法クレームの一種があり, 既存の製品の新規な使用方法をクレー
ムする際に使われることがある。用途クレームでは, 使用方法に関する具体的なステップを記載し
なければならないとされている（M.P.E.P. § 2173.05(q) [R-11.2013]）。仮にクレーム1を用途
クレームとして作成する場合, 飲料バッグの構造を説明するのではなく（あるいはそのような説明
に加えて）, 例えば【0022】の前半部分を具体的なステップとして記載することが考えられる（「吊
り片11の一部を手で持って, 袋体5をカップ3内に入れる。そして, 吊り片11の一部を手で持っ
た状態または吊り片11の一部をカップ3の外側に垂らした状態で, カップ3内にお湯を注ぐ。」）。

らない傾向にあると考えられます（*Essentials*）[26]。

> The … "purpose" laid out in the preamble of a system or apparatus claim is generally given very little weight, ….[27]

【参考日本語訳】
システムクレームや装置クレームのプリアンブルに記載されている［……］「目的」は，［……］概して重要視されない。

②に関して，プリアンブルに目的や用途が記載されていると，特許付与後において，クレームしたモノがその記載した目的や用途に意図せず限定されてしまう可能性があると考えられます（*Faber*）。

> Some practitioners briefly describe an object of the invention in a preamble ("Apparatus for shaking articles to dislodge impurities"). This is unnecessary, however, as the preamble is preferably a short introduction to the body of the claim. Also, there may be other objects of the invention, and recitation of one may impliedly exclude accomplishment of others when the claim is later interpreted.[28]（下線は筆者による付加）

【参考日本語訳】
プリアンブルに発明の目的を手短に記載する実務者もいる。しかし，プリアンブルはクレーム本体への端的な導入部であることが好ましいため，目的を記載する必要はない。また，発明の目的は1つとは限らないため，登録後にクレーム解釈が行われる場合，1つの目的を記載することで他の目的を言外に排除する可能性がある。

---

26 一般的に，審査においては，目的や用途は新規性，非自明性の判断材料にならないとされているが，M.P.E.P. §2111.02(II)には，審査官はプリアンブルの目的や用途も考慮に入れてクレームを審査しなければならないと明記されている。
"During examination, statements in the preamble reciting the purpose or intended use of the claimed invention must be evaluated to determine whether the recited purpose or intended use results in a structural difference (or, in the case of process claims, manipulative difference) between the claimed invention and the prior art."

27 Rosernberg, Morgan D. Essentials of Patent Claim Drafting, 2019 ed., LexisNexis, 2018, §1.01[3], p.6.

28 Faber, Robert C. "Chapter 2 Claim Forms and Formats in General", "§2:4 Preamble". Faber on Mechanics of Patent Claim Drafting, 7th ed., Practising Law Institute, 2017.

　プリアンブルに目的や用途を記載しない実務の具体例としては，リライトク
レーム例が当てはまるため，本例のプリアンブルを見てみます。原文のプリア
ンブル「カップ内に飲料を抽出する際に用いられる飲料バッグにおいて，」の
うち，「カップ内に飲料を抽出する際に用いられる」は飲料バッグの用途に相
当すると考えられます（下記コメントの代替案2のように，表現のし方によっ
ては目的）。プリアンブルに目的や用途を記載しないという実務に倣って，
「カップ内に飲料を抽出する際に用いられる」を訳出せず，残った「飲料バッ
グ」のみを訳出して beverage bag としています。つまり，リライトクレーム
例の冒頭は次のようになっています。

　1．　A beverage bag comprising:
　（comprising: は後述する「移行部」）

このように「カップ内に飲料を抽出する際に用いられる」を訳出しなかったこ
とにより，上述のように，プリアンブル（beverage bag）が発明の名称であ
る「飲料バッグ及びその製造方法」の「飲料バッグ」に一致したことになりま
す。
　以下は，このように原文と大幅に異なるプリアンブルを依頼主に提案してい
るコメント例です。

コメント例

［原文］
カップ内に飲料を抽出する際に用いられる飲料バッグにおいて，

［原文を忠実に訳した英文クレーム］
　1．　A beverage bag used when a beverage is made in a cup by
infusion, the beverage bag comprising:

［代替案1］
　1．　A beverage bag comprising:

［代替案２］

忠実訳例を修正した例：

　　1．A beverage bag comprising:

　　a bag body configured by, in a state in which a pair of bag-constituting sheets made of a mesh-like synthetic resin are overlapped, thermo-compression bonding perimeter portions of the pair of bag-constituting sheets, the bag body containing therein an infusion material <u>extractable into a liquid to make a beverage in a cup</u>; and

リライトクレーム例を修正した例：

　　1．A beverage bag comprising:

　　a body comprising a pair of sheets comprising a meshed material, the pair of sheets being superposed on each other with perimeter portions of the pair of sheets in so close contact with each other that an infusion material <u>extractable into a liquid to make a beverage in a container</u> is held between the pair of sheets; and

［コメント］

　　原文と英文の下線部のような，飲料バッグの用途を限定すると思われる説明を削除して，代替案１，２のようにすることが考えられます。

　　代替案１では，上記英文の下線部を完全に削除し，代替案２では，「カップ内に飲料を抽出する」という限定を抽出原料の説明部分に組み込んでいます。

　　なお，本書ではリライトクレーム例において代替案１を採用しています。代替案２は，p.16の引用文（米国特許クレーム入門）に示された実務に倣った例で，原文のプリアンブルに記載された限定を，英文クレームにおいて本体部分の説明に組み込んで記載しています。また，原文の「カップ」に相当するcupを，代替案２のように上位概念（後述）であるcontainerとしたり，あるいはcupがマグやポットなどのあらゆるcontainerを含む概念として使用されている，という定義文を明細書本文に記載するという実務も行われています（巻末付録2の**[0016]**参照）。

　　なお，本例とは異なるプリアンブルの形式として，発明の特徴に関係のない，従来技術を記載する「ジェプソンクレーム」という形式があります。これ

は37 C.F.R. §1.75(e)[29] に規定されている特別なクレーム形式で, 改良 (im-provement) 発明をクレームする際などに使用されることがあります (M.P.E.P. §608.01(m)[30])。ジェプソンクレームは, プリアンブルの記載が詳細であることから非常に長くなる傾向にあります[31]。また, ジェプソンクレームのプリアンブルに記載されたものは, 他人による発明であることを出願人が認めた (admission as prior art) とみなされることがあります (M.P.E.P. §2129(III)[32])。

---

［7］独立クレームは不定冠詞 A または An で始める

【原文】カップ内に飲料を抽出する際に用いられる飲料バッグにおいて,

【忠実訳例における対応部分】A beverage bag used when a beverage is made in a cup by infusion, the beverage bag comprising:

【リライトクレーム例における対応部分】A beverage bag comprising:

　"A beverage bag comprising:" のように, クレーム1などの独立クレームは不定冠詞 A または An で (大文字にして) 始めます (M.P.E.P. §608.01(m)[33])。An で始まるのは, 例えば An eraser のように, 直後の名詞が a, i, u, e, または o で始まるときです。これに対して, 従属クレーム

---

29 37 C.F.R. §1.75(e). ("Where the nature of the case admits, as in the case of an im-provement, any independent claim should contain in the following order:

(1) A preamble comprising a general description of all the elements or steps of the claimed combination which are conventional or known,

(2) A phrase such as 'wherein the improvement comprises,' and

(3) Those elements, steps and/or relationships which constitute that portion of the claimed combination which the applicant considers as the new or improved portion.").

30 [R-07.2015]. ("The form of claim required in 37 C.F.R. 1.75(e) is particularly adapted for the description of improvement-type inventions. It is to be considered a combina-tion claim. The preamble of this form of claim is considered to positively and clearly include all the elements or steps recited therein as a part of the claimed combination.").

31 Faber, Robert C. "Chapter 2 Claim Forms and Formats in General", "§2:4 Preamble". Faber on Mechanics of Patent Claim Drafting, 7th ed., Practising Law Institute, 2017. ("Jepson claims under Rule 75(e) have a different type of preamble, which is rather lengthy.").

32 [R-08.2012].("Drafting a claim in *Jepson* format (i.e., the format described in 37 C.F.R. 1.75(e); see MPEP §608.01(m)) is taken as an implied admission that the subject mat-ter of the preamble is the prior art work of another.").

33 [R-07.2015]. ("Each claim begins with a capital letter and ends with a period.").

は，本書では"The beverage bag according to claim 1, ..."のように定冠詞 The で（T を大文字にして）始めています（[44] 参照）。

　なお，独立クレームとは，それ自体で完結しており（stands alone），内容の理解のために他のクレームを参照する必要のないクレームのことをいいます。英語では independent claim や stand-alone claim といい，*Faber* では次のように定義されています。

> A claim that contains a complete description of the subject matter, without reference to any other claim.[※34]

この定義文中の subject matter は「主題」などと訳され，クレームの重要部分を表します。通常，subject matter は無冠詞でまたは定冠詞 the を伴って使用されます。定義文では定冠詞 the を伴って the subject matter となっています。これは，冒頭の A claim を受けたもので，"the subject matter of the claim"が省略された形と考えられます。つまり，「そのクレームの」という限定を言外に含むことにより，subject matter に「特定感」が生まれるため，the がついているものと考えられます。

　また，蛇足ではありますが，定義文では"..., without reference to any other claim"のように，without の前にコンマ「，」があります。このコンマは，「非限定の同格を表す」という働きをしており，この文脈においてはこの位置に絶対に必要です（コンマがないと文が意味をなしません）。これについては，[77] で解説しています。

［8］用語の裏取りをする

【原文】カップ内に飲料を抽出する際に用いられる飲料バッグにおいて，
【忠実訳例における対応部分】A beverage bag used when a beverage is made in a cup by infusion, the beverage bag comprising:
【リライトクレーム例における対応部分】A beverage bag comprising:

「飲料バッグ」を beverage bag と訳しています。「飲料バッグ」は，より一般的な呼び名である「ティーバッグ」の「ティー」を上位概念の「飲料」に変

---

34 Faber, Robert C. Faber on Mechanics of Patent Claim Drafting, 7th ed., Practising Law Institute, 2017. Appendix D.

えることで保護範囲を広げることを狙ったものと考えられます。beverage
bag は「飲料バッグ」をそのまま訳したものですが，日本語と同じく，tea
bag を上位概念化した形になっています。このように用語の一部を上位概念化
することによって見慣れない用語になった場合は，実際にその用語が使われて
いるかどうかを確かめることが推奨されます。具体的には，beverage bag を
Google 検索して beverage bag を使った特許文献などがないか調べてみま
す。その結果，次のようにいくつかの特許文献で beverage bag が使用されて
いることがわかりました。

> US6460725B1:
>
> In this application, the terms "beverage bag" or "bag" will mean
> to identify any such porous bag that is sized and shaped and
> structured such that it can: contain a beverage preparation agent
> – whether tea, coffee, or other flavoring or beverage preparation
> material –; be immersed in a liquid to produce a beverage; and,
> be drawn up from the beverage such as by a string that may also
> contain a tag.
>
> (https://patents.google.com/patent/US6460725)

> US6187349B1:
>
> Beverage bags of the type used for making tea, coffee or other
> such beverages are generally well known.
>
> (https://patents.google.com/patent/US6187349)

> US3415656A:
>
> The body of the beverage bag may be made of any permeable
> material such as filter cloth, paper or similar material although
> paper is the most commonly used material.
>
> (https://patents.google.com/patent/US3415656)

このように Google 検索などで裏取りをしておくことで，自信をもって用語
を使用でき，また依頼主から用語について問い合わせがあった場合に検索結果
を根拠として示すことができます（納品時にコメント欄に示すことも考えられ
ます）。

なお，使用している用語があまり一般的ではないと思われる場合，明細書本文において例えば次のように用語を定義することが考えられます（巻末付録2では [0016] に記載しています）。

As used herein, the term "beverage bag" is intended to encompass any porous bag used for beverage making purposes, a non-limiting example being a tea bag.

なお，「上位概念」とは，他の言葉を包含する（含む），より一般的・総称的・抽象的な言葉のことをいいます。「A は B の上位概念である」というとき，A には抽象的な言葉が，B には A に含まれる具体的な言葉が入ります。例えば，「飲料は紅茶の上位概念である」「飲料はコーヒーの上位概念である」ということができます。

「上位概念」に対応する確固とした英語はなく，「上位概念」を英語で表現するときは，文脈やその時々の表現のしやすさに応じて，例えば次のようにgeneral や broader などを使って表現することができます。

「紅茶」は「飲料」と上位概念化できる。
"Tea" can be more generally termed as "beverage".

「飲料」は「紅茶」の上位概念である。
"Beverage" is broader in concept than "tea".

［9］移行部とそのあとの形式

【原文】カップ内に飲料を抽出する際に用いられる飲料バッグにおいて，
【忠実訳例における対応部分】A beverage bag used when a beverage is made in a cup by infusion, the beverage bag comprising:
【リライトクレーム例における対応部分】A beverage bag comprising:

最後の comprising: は移行部といいます。英語では，transitional phrase (or word) や transition term，または単に transition といいます。移行部は，クレームのプリアンブルと本体部（body）とをつなげる役割を果たしています。

　comprisingはクレーム特有の表現で，「以下に記載のものを含むが，記載されていないものを排除しない(記載されていないものも含む可能性がある)」という意味をもっています（M.P.E.P. §2111.03(I)[*35]）。

> The transitional term "comprising", which is synonymous with "including," "containing," or "characterized by," is inclusive or open-ended and does not exclude additional, unrecited elements or method steps.

　移行部comprisingの後に，クレームの主語（ここではbeverage bag）を構成する要素を列挙していきます。beverage bagを構成する要素が複数あるときは，comprisingの後にコロン「:」をつけてcomprising:とするのが一般的です。これにより，as followsのようなニュアンスを出しています[*36]。具体的には，comprising:の直後で改行し，スペースを設け（本書では4スペース設けています），複数の要素をそれぞれが独立した段落となるように改行しながら記載します。その際，複数の要素同士をセミコロン「;」でつなげます[*37]。

　なお，beverage bagの構成要素（element[*38]）が1つしかない場合は，コロンをつけずにcomprisingとして，改行せずにcomprisingの直後に1つの要素を記載しています。ただし，構成要素が1つしかない場合であっても，移行部をコロンつきのcomprising:として，改行してから1つの構成要素を記載することを好む実務家もいます。これもコロンの使用法としては不適切ではなく[*39]，構成要素が1つしかない場合の移行部を「comprising + 改行なし」

---

35 [R-08.2017].（2017年8月に改定された版のM.P.E.P.であることを示す）

36 The University of Chicago Press. The Chicago Manual of Style, 16th ed., 2010, p.327. ("The colon should generally convey the sense of 'as follows.'").

37 Rosernberg, Morgan D. Essentials of Patent Claim Drafting, 2019 ed., LexisNexis, 2018, §1.01, p.13. ("Each element is listed in a paragraph style (i.e., indented), with each pseudo-paragraph ending in a semicolon.").

38 構成要素を表すelementにさらなる説明を加えることをlimitation（限定）というとされている。Rosernberg, Morgan D. Essentials of Patent Claim Drafting, 2019 ed., LexisNexis, 2018, §1.01[5], p.12. ("Although 'elements' and 'limitations' are often used interchangeably, strictly, the 'elements' are individual parts or pieces themselves, such as the seat, the plurality of support legs, and the backrest, and the limitations are the further definitions given to these elements, such as the 'limitation' that the seat has opposed upper and lower surfaces, or the 'limitation' that each support leg has upper and lower ends, and the upper ends are secured to the lower surface of the seat.").

とするか「comprising: ＋ 改行あり」とするかは好みの問題と考えられます。

　ここまで，クレーム1のプリアンブルについて検討してきました。次の Section からクレーム1の本体部を作成していきます。

WIPO標準に基づく公報の表記方法

　日本語明細書には，【発明の詳細な説明】などにおいて，例えば「特開2016-654321号」といった公報番号が記載されています。日本語明細書を英訳するにあたり，このような公報番号を「JP2016-654321A」のように WIPO 標準に基づいて表記する方法があります。日本の特許庁で発行された公報を WIPO 標準で表記する一方法について見ていきます。

　WIPO 標準（Standards）とは，WIPO（World Intellectual Property Organization，世界知的所有権機関）が推奨する文献表記のための標準ルールであり，"Standards" からわかる通り，複数の標準ルールが存在します。これら標準ルールのうち，上記のような公報の表記には ST.3※1（発行国コード）と ST.16※2（文献種別コード）を使用します。

　発行国コードは，各国を2つのアルファベットで表すもので，例えば日本は「JP」，米国は「US」であり，それぞれ日本国特許庁と米国特許庁で発行された文献であることを表すために使用されます。冒頭の例では，「JP2016-654321A」の「JP」が発行国コードに当たります。

　文献種別コードは，「1つのアルファベット」または「1つのアルファベット＋数字」で公報の種類（公表レベル※3）を表すもので，公報番号の末尾に付されます。例えば，「A」は日本では公開特許公報（または公表特許公報（下記の表参照））を表す文献種別コードであり，冒頭の「特開2016-654321号」の「特開」は公開特許公報を表しています。したがって，「JP2016-654321A」のように公報番号の末尾に「A」が付されています。

---

39 The University of Chicago Press. The Chicago Manual of Style, 16th ed., 2010, p.326. ("A colon introduces an element or a series of elements illustrating or amplifying what has preceded the colon.").（下線は筆者による付加）

このように，発行国コードと文献種別コードを使用した「JP2016-654321A」という表記により，この公報が「特開2016-654321号」であることが国際的に理解されるようになっています。ただし，両者の対応関係をより確実に理解されるようにするために，「JP2016-654321A」の後に「特開」に対応する英語の一例である published unexamined patent application[4]をつけて「JP2016-654321A (published unexamined patent application)」などとすることも考えられます。

文献種別コードは「A」以外にも数種類あり，「A1」のようにアルファベットと数字の組み合わせになっている場合もあります。日本の特許庁で発行される公報のうち，主要な公報の文献種別コードは次の表[5]のようになっています。公報の種類により適切な文献種別コードを選択して表記を行います。

公報種別	文献種別コード	備考
公開特許公報	A	・「特開」 ・Published unexamined patent application[4]/Publication of unexamined patent application[6]
公表特許公報	A	・「特表」 ・外国語によるPCT出願の日本移行後に日本語翻訳を公開したもの。 ・Published unexamined patent application based on international application[4]/published Japanese translation of PCT international publication for patent application[6]
再公表特許	A1	・「再表」 ・日本語によるPCT出願が国際公開された後，同じ内容を日本国特許庁が公開したもの。引用文献として使用されることは少ないとされている。 ・Domestic re-publication of PCT international publication for patent application[6]
特許公報	B1, B2	・「特許」 ・Published examined patent application[4] ・B1は公開公報（A）が未発行の場合（Publication of examined patent application or granted patent (without publication of patent application)[6]）。 ・B2はAが発行済みの場合（Publication of examined patent application or granted patent[6]）。

登録実用新案 公報	U	・「登録実用新案」 ・Publication of unexamined utility model application or registered utility model[6]

※1：WIPO. STANDARD ST.3, 2019,
　　https://www.wipo.int/export/sites/www/standards/en/pdf/03-03-01.pdf

※2：WIPO. STANDARD ST.16, 2019,
　　https://www.wipo.int/export/sites/www/standards/en/pdf/03-16-01.pdf

※3：一般的に，文献種別コードAを第1公表レベル（first publication level：出願後に最初に
　　発行された公報のレベル），Bを第2公表レベル（second publication level：登録後に発行さ
　　れた公報のレベル），Cを第3公表レベル（third publication level：訂正後に発行された公報
　　のレベル）と呼ぶ。
　　TEIWiki. Encoding Patent Bibliographic References, 2013,
　　https://wiki.tei-c.org/index.php/Encoding_Patent_Bibliographic_References

※4：WIPO. EXAMPLES AND KINDS OF PATENT DOCUMENTS, 2016,
　　https://www.wipo.int/export/sites/www/standards/en/pdf/07-03-02.pdf

※5：詳しくは以下を参照。
　　特許庁. 公報発行案内, 2016,
　　https://www.jpo.go.jp/system/laws/koho/general/document/kouhou_hakkou_an-
　　nai/kouhou_annai.pdf

※6：Japan Patent Office. Use of Patent Information (Including J-PlatPat), 2016,
　　https://www.jpo.go.jp/e/news/kokusai/developing/training/textbook/document/
　　index/use_of_patent_information_including_j-platpat_2016.pdf

---

Section 2　原文の論理的な分析〜「袋体」編〜

　前回の Section では，クレーム1のプリアンブルについて検討しました。今
回の Section から，クレーム1の本体部について見ていきます。本体部とは，
クレームの移行部 comprising: の後に続く部分のことをいい，クレームにお
いて最も重要な部分です。具体的には，クレーム1の本体部では，beverage
bag を構成する要素である body（袋体）と string（吊り片）をそれぞれ独立し
た段落で説明しています。

　この Section では，本体部の作成にあたり，説明内容を論理的に書くこと
について考えていきます。英文クレームを論理的に書くことは，読み手にとっ
て「わかりやすい」英文クレームにするための一つの重要な手法であると筆者
は考えています。技術的に正確であることを前提にして，わかりやすい英文ク
レームとそうではない英文クレームとではどちらが好ましいかといえば，前者

が好ましいことは明らかだと思われます。また，わかりやすい英文クレームにすることは，[1] で参照した§112(b) に規定される「明確性要件」を担保する一助にもなります。

§112(b)

Conclusion. The specification shall conclude with one or more claims <u>particularly pointing out and distinctly claiming the subject matter</u> which the inventor or a joint inventor regards as the invention.

（下線は筆者による付加）

【参考日本語訳】

（ｂ）結論. 明細書は，発明者または共同発明者が自己の発明と考える主題を具体的に特定し，かつ，明瞭に請求する1以上のクレームで終わらなければならない。

[1] で解説したように，§112(b) はクレームを明細書の最後に配置することを規定していますが（The specification shall conclude with one or more claims），同時に，クレームが明確であることも求めています（下線部）。これは，英文クレームを明確に記載することによって，何がこのクレームを侵害するかを示す境界が他者にわかるようにすることや，クレームに特許性があるかを適正に判断できるようにすることなどを目的としています（M.P.E.P. §2173※40）。逆にいえば，英文クレームが不明確だと，クレームの境界がわからず，クレームに特許性があるかを適正に判断できない，ということになります。日本語で適切に書かれた請求項であっても，英語に直訳してみると，日

---

40 [R-11.2013] ("The primary purpose of this requirement of definiteness of claim language is to ensure that the scope of the claims is clear so the public is informed of the boundaries of what constitutes infringement of the patent. A secondary purpose is to provide a clear measure of what applicants regard as the invention so that it can be determined whether the claimed invention meets all the criteria for patentability and whether the specification meets the criteria of 35 U.S.C. 112(a) or pre-AIA 35 U.S.C. 112, first paragraph with respect to the claimed invention."). 翻訳者にとって身近な例として，文法に誤りがあることが原因でクレームの意味が理解し難く，クレームの境界が明確に判定できない場合，次のように§112(b)（旧§112, second paragraph）に基づいてクレームが審査官により拒絶されることがある。

Claims 1-9 are rejected under 35 U.S.C. 112, second paragraph, as being indefinite for failing to particularly point out and distinctly claim the subject matter which applicant regards as the invention./In claim 1, line 1, "A double-door 'single person checkroom' is that provides" is vague. What does "is that provides" mean?

(http://www.ycec.com/US-2-Detailep-Action-140603.htm)

本語と英語の違い（言語体系の違いや表現方法の違いなど）が原因でわかりにくい英文クレームとなり，明確性要件を満たしていないと審査官から指摘される場合があります（不明確さの原因として，外国語からの直訳（literal translation）を指摘されることもあります[41]）。したがって，日本語の請求項から英文クレームを作成する際は，原文である日本語を過不足なく英訳できているか注意することに加えて，作成した英文クレームが英語として不明確になっていないか注意することも必要です。そして，上述の通り，明確な英文クレームにするための重要な手法の一つが，論理的であるという点においてわかりやすい英文クレームにすることであると筆者は考えています。

　一般的に，論理的な文章は理解しやすく，特に英語ネイティブでない人が英文を書く際には，論理をより意識した方が良いとされています。論理がしっかりしていると，多少拙い英文であったとしても，読み手は論理の流れから書き手の意図を類推しやすくなるためです[42]。したがって，英文の一種である英文特許クレームを論理的に書けば読み手にとってわかりやすい英文クレームとなり，ひいては明確性要件を担保する一助になります。そこで，以下，英文クレームを論理的に書くための前段階として，原文を論理的に分析していきます。

［10］ポイントを整理して論理的なつながりを見つけ出す

　まず，原文の「袋体」の説明を見てみましょう。

> メッシュ状の合成樹脂からなる一対の袋構成シートを重ね合わせた状態で，一対の前記袋構成シートの周縁部同士を熱圧着することによって構成され，抽出原料を内包した袋体

　長い1文ですが，全体で最後の「袋体」を説明していることがわかります。つまり，袋体は，「メッシュ状の合成樹脂からなる一対の袋構成シートを重ね合わせた状態で，一対の前記袋構成シートの周縁部同士を熱圧着することに

---

41 M.P.E.P. §706.03(d) ("The claims are generally narrative and indefinite, failing to conform with current U.S. practice. They appear to be a literal translation into English from a foreign document and are replete with grammatical and idiomatic errors.").

42 日本論理検定協会. 英語のロジック. 研究社, 2013, p.19-20. ("ロジックは，単語や文法が文章の理解を妨げているとき，助けになります。単語や文法が文章の理解を妨げているというのは，聞き手が単語や文法を知らない場合ももちろんですが，話し手が単語や文法を間違える場合も含んでいます。").

よって構成され，抽出原料を内包した」袋体だと説明されています。
これを忠実に訳した例が次の英文です。

a bag body configured by, in a state in which a pair of bag-constituting sheets made of a mesh-like synthetic resin are overlapped, thermo-compression bonding perimeter portions of the pair of bag-constituting sheets, the bag body containing therein an infusion material; and

これをリライトクレーム例に書き直すために，原文をしっかり理解した上で原文を再構築していきます。まずは内容を理解し，ポイントを整理します。
まず，「メッシュ状の合成樹脂からなる一対の袋構成シートを重ね合わせた状態で，一対の前記袋構成シートの周縁部同士を熱圧着することによって構成され，抽出原料を内包した」を整理すると，次のようになります。

（1）袋体は一対の袋構成シートからなる。
（2）一対の前記袋構成シートはメッシュ状の合成樹脂からなる。
（3）一対の前記袋構成シートを重ね合わせて周縁部同士を熱圧着している。
（4）袋体は抽出原料を内包している。

3と4をよく見ると，両者は論理的につながっていることがわかります。すなわち，3から，一対の袋構成シートの周縁部同士が「くっついて離れない」状態になっていることが想像できます。そして，これが4につながってきます。一対の袋構成シートの周縁部同士がくっついて離れなくなって「袋」のような形になっているため，その中に抽出原料を入れておくことができる，と読み解くことができます。
つまり，原文を見ると，「一対の前記袋構成シートの周縁部同士を熱圧着することによって構成され，抽出原料を内包した袋体」のように，3と4が一見別々の説明になっているように思われますが，上述のように2つは論理的につながっていると考えることができます。
原文の「抽出原料を内包した袋体」は，「抽出原料を内包した」が「袋体」を修飾しているため，直訳すると bag containing an infusion material のように bag（袋体）が主語になりますが，論理的な流れとしては，次のように考える方が自然と思われます。

袋構成シートの周縁部同士を熱圧着する

⇒ 熱圧着によって袋構成シートが袋のようになる

⇒ 袋のようになった袋構成シートの間に抽出原料を維持することが可能になる

この流れによって，結果的に袋体が抽出原料を内包していることになるため，原文では「抽出原料を内包した袋体」という説明になっています。

　ここまででわかったポイントを整理すると，次のようになります。

（1）袋体は一対の袋構成シートからなる。

（2）一対の前記袋構成シートはメッシュ状の合成樹脂からなる。

（3）一対の前記袋構成シートを重ね合わせて周縁部同士を熱圧着することで，抽出原料が袋体に内包されている。

これら3つのポイントごとに英文を作成し，作成した英文同士をつなげて1つの英文にすることにより，忠実訳例の対応部分よりも論理的な英文となります。この英文の具体的な英語内容については Section 4 ～ Section 10 で扱いますが，本書では，原文を論理的な観点から分析するのに加えて，特許的な観点から分析することも練習として行います（次の Section 参照）。

特許英語の基本をチェック 3

英文スタイル①：数学記号や単位等におけるスペースに関する注意点

イコール記号

　英文においては，イコール記号「＝」の前後に1スペース（半角）を設けるのが一般的なため※1，英文明細書においてもこれに倣うことが推奨されます（「≠」や「＞」なども同様）。

（○）$a = b$

（△）$a=b$

数学記号

　同様に，「＋」，「－」，「÷」，「×」などの数学記号の前後にも1スペースを設けるのが一般的です[1]。

（○）$c^2 = a^2 + b^2$
（△）$c^2{=}a^2{+}b^2$

　ただし，上記記号が数字の形容詞として使用されている場合は，間にスペースなしで記号と数字を記載します[1]。

（○） -3
（△） $-\,3$

　また，上付き文字のなかに上記記号が含まれている場合は，記号の前後に<u>スペースを設けない</u>のが一般的です[2]。

（○）x^{a+b}
（△）$x^{a\,+\,b}$

単位

　単位と数字との間には1スペースを設けるのが一般的です[3]。

（○）18 km/h
（△）18km/h

温度や角度を表す記号「°」

　温度や角度を表す記号「°」と数字との間には<u>スペースを設けない</u>のが一般的です[3]。

（○）30°
（△）30 °

パーセント記号

　パーセント記号「％」と数字との間には，国際単位系（SI）では1スペースを設ける[※3]一方，英語圏ではスペースを設けないのが一般的です[※4]。筆者は後者を採用しています。

（○）50 %（国際単位系），50%（英語圏）

[※1]：The University of Chicago Press. The Chicago Manual of Style, 14th ed., 1993, p.452.
[※2]：The University of Chicago Press. The Chicago Manual of Style, 16th ed., 2010, p.587.
[※3]：International Bureau of Weights and Measures. The International System of Units (SI).
https://www.bipm.org/utils/common/pdf/si-brochure/SI-Brochure-9.pdf
[※4]："Percent sign". Wikipedia, the free encyclopedia. https://en.wikipedia.org/wiki/Percent_sign

Section 3　原文の特許的な分析と第2日本語化〜「袋体」編〜

　前回の Section では，袋体の説明である「メッシュ状の合成樹脂からなる一対の袋構成シートを重ね合わせた状態で，一対の前記袋構成シートの周縁部同士を熱圧着することによって構成され，抽出原料を内包した袋体と，」を論理的に分析して3つのポイントに整理しました。
　今回の Section では，原文を特許的に分析して，3つのポイントをさらに整理する練習をします。

［11］名詞の前に修飾語が必要か吟味する

【原文】一対の袋構成シート
【不要な修飾語を削除したもの】一対のシート

　まず，「袋構成シート」は，「袋構成」を削除して単に「シート」とすることができます。「袋構成」は「袋を構成する」という文字通りの意味であり，訳出しなくても意味が通じると考えられるためです。ただし，袋構成シートとは

異なる別のシートが使用されている場合（例：吊り片構成シート），このシートとの混同を避けるために「袋構成シート」とする（そしてこれをもとにbody constituting sheetと訳す）ことには意義があります。しかし，今回の例では他にシートは使われていないため，リライトクレーム例では「シート」（sheet）と簡潔に表現しました。このように，本書では，米国特許クレームにおいて，構成要素を表す名詞の前に修飾語（句）が必要か吟味し，他の類似名詞との識別のために必要な場合などの意味のある場合のみにつけるという方針を採用しています。

　以下は，このように考察したことをコメントとしてまとめたもので，「袋構成」を削除すること（訳出しないこと）をその意図とともに依頼主に提案しています。

コメント例

［原文］
袋構成シート

［忠実訳例］
bag-constituting sheet

［代替案（リライトクレーム例）］
sheet

［コメント］
　「袋構成シート」の「袋構成」は訳出しなくても他の構成要素との混乱が生じないと考えられるため，単に「シート」として，これをもとにsheetとすることが考えられます。

【原文】メッシュ状の合成樹脂
【原文を上位概念化したもの】メッシュ状の素材
【リライトクレーム例における対応部分】meshed material

　原文「メッシュ状の合成樹脂からなる一対の袋構成シート」は，一対の袋構成シートの素材がメッシュ状の<u>合成樹脂</u>であることを示しています。最も広いクレームである独立クレーム1のリライトクレーム例では，一対の袋構成シートの素材を合成樹脂に限定しないようにするために，「メッシュ状の合成樹脂」を「メッシュ状の素材」と上位概念化しています。

　このように「メッシュ状の合成樹脂」を「メッシュ状の素材」と上位概念化できると判断した根拠として，一対の袋構成シートの素材が合成樹脂であることは本発明の本質ではないと判断できることが挙げられます。本発明の本質とは，図3に示されるように，一対の袋構成シート（7，9）が後述の吊り片（11）と同じ素材からなり，かつ一対の袋構成シート（7，9）と吊り片（11）が一体形成されていることであり，これにより，明細書の【0015】に記載されているように，吊り片を袋体に取付ける工程を省略できるなどの効果が得られます。

　　【0015】
　　本発明によれば，前記飲料バッグの製造に関する一連の工程から，前述の一般的なティーバッグの吊り紐に相当する前記吊り片を前記袋体に取付ける工程を省略できるため，前記飲料バッグの製造作業の煩雑化を抑えて，前記飲料バッグの生産性を飛躍的に向上させることができる。

図3

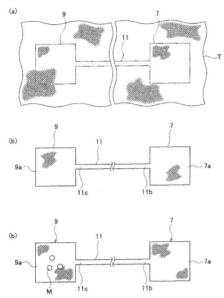

　本発明で得られるこのような効果は，一対の袋構成シート（7，9）が吊り片（11）と同じ素材からなり，かつ一対の袋構成シート（7，9）と吊り片（11）が一体形成されていれば得られ，必ずしも素材が合成樹脂である必要はないと考えられるため，上述のように「メッシュ状の合成樹脂」を「メッシュ状の素材」と上位概念化しました。

　このような上位概念化を行った場合，「素材」を下位概念である「合成樹脂」に限定する次のような従属クレームを作成して追加することが考えられます（詳細は［96］を参照）。

The beverage bag according to claim 1, wherein the meshed material comprises a synthetic resin.

以下は，上述のように上位概念化できること及び従属クレーム追加の提案についてコメントした例です。

［原文］
メッシュ状の合成樹脂

［忠実訳例］
mesh-like synthetic resin

［代替案（リライトクレーム例）］
meshed material

［コメント］
　独立クレーム 1 において，「メッシュ状の合成樹脂」を「メッシュ状の素材」と上位概念化して，一対の袋構成シートの素材を合成樹脂に限定しないように meshed material とすることが考えられます。この場合，一対の袋構成シートの素材を合成樹脂に限定する下記のような従属クレームを追加することが考えられます。

［一対の袋構成シートの素材を合成樹脂に限定する従属クレーム案］
The beverage bag according to claim 1, wherein the meshed material comprises a synthetic resin.

　なお，ここまでの解説は，あくまでも特許的な分析の考え方として紹介したもので，発明の本質ではない限定であっても，先行技術を避けるなどの理由から，独立クレームに記載することもあります（次の「熱圧着」も同様）。

［13］上位概念化を習慣づける

【原文】熱圧着
【原文を上位概念化したもの】密着
【リライトクレーム例における対応部分】close contact

　次に，リライトクレーム例では，原文「一対の前記袋構成シートの周縁部同士を熱圧着することによって構成され」の「熱圧着」を「密着」と上位概念化

しています。熱圧着は，一対の袋構成シートの周縁部同士を「密着」させて間に抽出原料を維持できるようにするための手段であり，最も広いクレームである独立クレーム1では「密着」と上位概念化できると考えたためです。仮に「熱圧着」をそのまま訳出すると（[33] のコメント例参照），他社が熱圧着以外の方法で密着させたものをカバーしなくなり，権利行使できなくなるという可能性を考慮しました。

　「熱圧着」は，上述した一対の袋構成シートの素材である合成樹脂に対応した表現であると考えられます。実施形態（【0019】）において，合成樹脂の例として次のようにポリプロピレンが挙げられています。

　　　【0019】
　　　ティーバッグ1は，抽出原料として圧縮固形化された紅茶葉Mを内包した袋体5を備えている。また，袋体5は，一対の袋構成シート7，9を重ね合わせた状態で，一対の袋構成シート7，9の周縁部7a，9a同士を熱圧着することによって構成されてあって，一対の袋構成シート7，9は，それぞれ<u>ポリプロピレン</u>メッシュ等のメッシュ状の合成樹脂からなるものである。（下線は筆者による付加）

　ポリプロピレンは熱可塑性樹脂（加熱すると軟化し，冷却すると固化する樹脂）であり，一対の袋構成シートの周縁部同士の熱圧着は，ポリプロピレンの熱可塑性により実現しやすいと考えられます。[12] において，一対の袋構成シートの素材である合成樹脂を「素材」と上位概念化しました。これに合わせて，合成樹脂に対応すると思われる「熱圧着」も上位概念化して「密着」としました。同じく [12] で解説しているように，本発明の本質は，一対の袋構成シートが吊り片と同じ素材からなり，かつ一対の袋構成シートと吊り片が一体形成されていることであり，一対の袋構成シートの周縁部同士を密着させる態様（どのように密着させるか）は本発明の本質ではないと考えられます。

　なお，「熱圧着」を「密着」と上位概念化し，これをもとに英訳することを提案しているコメント例は，[33] に記載しています。

　このように，独立クレームでは，「熱圧着」→「密着」のように，原文の言葉1つ1つについて上位概念化できないか常に考えながら英語化するという姿勢がクレーム作成者や翻訳者に求められます。これを習慣づけることにより，「狭い」表現に敏感に反応できるという，クレーム作成者や翻訳者にとって非常に好ましいスキルが得られます。

【原文】一対の前記袋構成シートを重ね合わせた状態で，一対の前記袋構成
シートの周縁部同士を熱圧着する

【原文を再構築したもの】一対の前記シートは重ね合わされており，一対の
前記シートの周縁部同士は密着している

次に，原文の「一対の前記袋構成シートを重ね合わせた状態で，一対の前記
袋構成シートの周縁部同士を熱圧着する」は，構造物をクレームする表現とし
ては好ましくないと考えたため，より構造的な日本語に再構築した上でリライ
トクレーム例を作成しています。

すなわち，上記原文は，一対の袋構成シートをまず重ね合わせた状態にして
から，次に一対の前記袋構成シートの周縁部同士を熱圧着する，という「動
き」あるいは「時間の流れ」を感じさせ，まるで袋体の製造方法（あるいは後
述のプロダクト・バイ・プロセスクレーム）が書かれているような印象を与え
ます。製造方法を記載した方法クレームを作成する場合は，上記原文のニュア
ンスのままで英文作成できると思われます。方法クレームでは，プロセスの各
ステップにおいて必ず何らかの作業が行われるため，「動き」を伴う描写が多
くなります。そして，各ステップ同士には時系列的な関係，つまり，例えばス
テップ1の後にステップ2が行われる，というような関係がある場合がありま
す。

方法クレームに対して，本例の袋体のような動かない構造物をクレームする
際は，できるだけ「動き」や「時間の流れ」を感じさせることのない「ドラ
イ」な描写にして，製造過程を描写しているという誤解を与えないようにして
います。具体的には，「一対の前記袋構成シートを重ね合わせた状態で，一対
の前記袋構成シートの周縁部同士を熱圧着する」は次のようなより構造的な表
現に再構築できます。

一対の前記シートは重ね合わされており，一対の前記シートの周縁部同士は
密着している

これをリライトクレーム例において英語化したのが次の英文です。

… the pair of sheets being superposed on each other with perimeter portions of the pair of sheets in so close contact with each other that …

　この英文の具体的な英語内容については，Section 4～ Section 9で解説しています。

　このように，本書では動きのない構造物は動きを感じさせない英語表現で描写するよう努めていますが，例外として，プロダクト・バイ・プロセスクレーム（M.P.E.P. §2113[※43]）というクレーム形式があります。これは，クレームしたい構造物と従来技術との違いが製造方法にある場合に採用される形式です（製造方法に特徴があるが，モノの発明として特許を取っておきたい場合に採用される形式）。この場合は，原文「メッシュ状の合成樹脂からなる一対の袋構成シートを重ね合わせた状態で，一対の前記袋構成シートの周縁部同士を熱圧着することによって構成され」は動きや時間の流れを伴った製造方法と思われるため，そのまま英訳してもよい（そのまま英訳すべき）場合があります。

［15］ 名詞以外の表現も上位概念化できるか検討する

【原文】内包
【原文を上位概念化したもの】維持
【リライトクレーム例における対応部分】held

---

43 [R-08.2017]．（2017年8月に改定された版のM.P.E.P.であることを示す）プロダクト・バイ・プロセスクレームは，「プロダクト」を主題とする点は通常のプロダクト・クレーム（モノクレーム）と違いはないものの，「プロセス」を用いてその「プロダクト」を規定する点に特徴がある（M.P.E.P. §2173.05(p)）。USPTOにおいては，プロダクト・バイ・プロセスクレームは，原則，あくまでも「プロダクト」として審査され，その「プロダクト」を定義する「プロセス」はその「プロダクト」の特許性の判断において考慮されない。これに対して，裁判所（特許侵害訴訟）における侵害論においては，その「プロセス」が，そのプロダクト・バイ・プロセスクレームの構成要件として侵害の有無を判断する際に考慮される（Abbot laboratories v. Sandoz, Inc., 566 F.3d 1282 (Fed. Cir. 2009) (en banc)）。ところが，裁判所（特許侵害訴訟）における有効論においては，USPTOにおけるのと同様，その「プロセス」はその「プロダクト」の有効性の判断において考慮されない（Amgen Inc. v. F. Hoffman-La Roche Ltd., 580 F.3d 1340 (Fed. Cir. 2009)）。このように，プロダクト・バイ・プロセスクレームというクレーム形式は，USPTOにおける特許性判断および裁判所における有効性判断においては「プロセス」が考慮されない一方，裁判所における侵害性判断においては「プロセス」が考慮されるという意味において出願人・権利者に不利であり，実務ではプロダクト・バイ・プロセスクレームの使用が避けられる傾向にある。ただし，「プロダクト」の範囲を構造等で直接特定することが出願時において不可能または困難であるとの事情のある「プロダクト」については，プロダクト・バイ・プロセスクレームというクレーム形式を用いざるを得ない場合がある（その場合のプロダクト・バイ・プロセスクレームは，「真正プロダクト・バイ・プロセスクレーム」(genuine (or authentic) product-by-process claim) と呼ばれることがある）。M.P.E.P.は，真正プロダクト・バイ・プロセスクレームについては，その「プロセス」により暗示される構造を特許性の判断において考慮するとしている（M.P.E.P. §2113(I)）。

次に，原文「抽出原料を内包した袋体」の「内包」を「維持」に上位概念化し，「維持」に対応する英語 hold（held）を使用しています。「内包」の「内」は，袋体の「袋」を念頭に置いた表現だと思われます。つまり，袋が抽出原料を「内」側に「包」んでいるというような意味がこめられていると思われます。本例では，これを次のように単に抽出原料の位置を示すシンプルな表現にできます。

抽出原料が一対の前記シートの間に維持されている

このように，本書では，「内包した」のような，名詞以外の表現も上位概念化できないか注意を払っています。
「抽出原料が一対の前記シートの間に維持されている」を，上記の再構築文「一対の前記シートは重ね合わされており，一対の前記シートの周縁部同士は密着している」と論理的につなげることにより，理解度・説得力が増すと考えられます。つまり，次のようにできます。

一対の前記シートは重ね合わされており，一対の前記シートの周縁部同士が密着しており，この密着により抽出原料が一対の前記シートの間に維持されている

以下は，「内包」を「維持」に上位概念化し，これをもとに英訳することを提案しているコメント例です。

コメント例

［原文］
内包

［忠実訳例］
(the bag body) containing therein

［米国式にリライトした例］
(an infusion material is) held

［コメント］

　「内包」（「内に包む」）をより単純な「維持」と上位概念化して，これを
もとに held とすることが考えられます。

［16］再構築した原文同士を論理的につなげる〜第2日本語化〜

Section2に示した，原文を論理的に整理したポイントは以下の通りです。

1．袋体は一対の袋構成シートからなる。
2．一対の前記袋構成シートはメッシュ状の合成樹脂からなる。
3．一対の前記袋構成シートを重ね合わせて周縁部同士を熱圧着すること
　　で，抽出原料が袋体に内包されている。

　これらのポイントを，本 Section で原文を特許的に分析した結果を踏まえ
て次のように修正します。

1'．袋体は一対のシートからなる。
2'．一対の前記シートはメッシュ状の素材からなる。
3'．一対の前記シートは重ね合わされており，一対の前記シートの周縁
　　部同士が密着しており，この密着により抽出原料が一対の前記シー
　　トの間に維持されている。

これを1文にまとめると，次のようになります。

　袋体であり，前記袋体は一対のシートからなり，一対の前記シートはメッ
　シュ状の素材からなり，一対の前記シートは重ね合わされており，一対の前
　記シートの周縁部同士が密着しており，この密着により抽出原料が一対の前
　記シートの間に維持されている

　日本語としては問題のある文章かもしれませんが，読みやすく，論理的な英
文クレームにするための原文としてはこのような書き方の方が好ましい場合が
あります。このように，原文を論理的・特許的に分析した上で再構築した原文
を作ることを，本書では「第2日本語化」と呼ぶことがあります。

次の Section から，この第2日本語化した原文をもとにしたリライトクレーム例を見ていきます。

英文スタイル②：数字をスペルアウトする際のルール

英文における数字の記載方法について，0から100までの整数はスペルアウトし，100より大きい整数は数字のまま記載するという方法があります[1]。

例：
・Many people think that seventy is too young to retire.
・Some students live more than fifteen kilometers from the school.
・The population of our village now stands at 5,893.

この方法に対して，1桁の整数のみスペルアウトし，それ以外の整数は数字のまま記載するという方法があります[1]（筆者はこの方法を採用しています）。

例：
・Many people think that 70 is too young to retire.
・Some students live more than 15 kilometers from the school.
・The three new parking lots will provide space for 540 more cars.

上記いずれの方法にかかわらず，文頭に数字が来る場合は必ずスペルアウトするとされています[2]。

例：One hundred ten candidates were accepted.

ただし，数字を文頭でスペルアウトすることにより起こる他箇所の数字との不統一感を避けたい場合は，数字を文頭に置かないように工夫することが推奨されています[2]。

例1：In all, 110 candidates were accepted.

例2：One hundred eighty of the 214 candidates had law degrees; the remaining 34 were doctoral candidates in fish immunology.

→ Of the 214 candidates, 180 had law degrees; the remaining 34 were doctoral candidates in fish immunology.

※1：The University of Chicago Press. The Chicago Manual of Style, 16th ed., 2010, p.464.

※2：*Ibid.*, p.465.

Section 4　第2日本語文の英語化〜「袋体」編（1）〜

前回の Section では，「袋体」に関する原文を第2日本語化して次のような文を作成しました。

袋体であり，前記袋体は一対のシートからなり，一対の前記シートはメッシュ状の素材からなり，一対の前記シートは重ね合わされており，一対の前記シートの周縁部同士が密着しており，この密着により抽出原料が一対の前記シートの間に維持されている

この Section から，この再構築文をもとにしたリライトクレーム例を見ていきます。以下，上記の再構築文を「第2日本語文（1）」と呼ぶこととします。

［17］構成要素は小文字で始める

【第2日本語文（1）】袋体であり，前記袋体は一対のシートからなり，一対の前記シートはメッシュ状の素材からなり，

【リライトクレーム例における対応部分】a body comprising a pair of sheets comprising a meshed material,

a body のように，構成要素は必ず小文字で始めます。つまり，A body のように冒頭が大文字にならないようにします（方法クレームであるクレーム4では，工程を doing（動詞＋ing）形式で小文字で列挙していきます）。構成要素

を改行しつつ列挙していると，MS Word の設定によっては冒頭が自動的に大文字になってしまうことがあるので注意が必要です。

［18］「袋体」の訳語を検討する

　次に，リライトクレーム例では「袋体」を body としています。「袋体」は，「袋状の構造体」といった意味であると思われ，忠実訳例では，文字通り bag body としています。「袋状」のニュアンスは，本クレームの主語である beverage bag の bag によってすでに表されていると思われるため，リライトクレーム例では「袋体」の「体」を表す body のみを「袋体」の英訳として採用しました。また，クレーム中に他に body を使用した名詞が存在しないため，他との識別のために bag body とする必要もないと考えられます。

　また，body には「本体部」という意味もあります[44]。この意味においても，「袋体」を body とすることは理に適っていると思われます。すなわち，袋体と吊り片からなる飲料バッグにおいて，袋体と吊り片との大小関係から，袋体を飲料バッグの本体部ととらえることができ，本体部に対応する英語である body を使用しても読み手に与える違和感は少ないと考えられます。

　以下は「袋体」を body と英訳することを提案しているコメント例です。

コメント例

［原文］
袋体

［忠実訳例］
bag body

［代替案（リライトクレーム例）］
body

---

44 "body". Oxford Advanced Learner's Dictionary of Current English. Oxford University Press, 9th ed., 2015, p.159. (the main part of sth, especially a building, a vehicle or book, an article, etc)

［コメント］

　bag body は単に body としても他の名詞との混同は起こらないため，body とすることが考えられます。

---

［19］ comprise を移行部以外でも使用する

【第2日本語文（1）】袋体であり，前記袋体は一対のシートからなり，一対の前記シートはメッシュ状の素材からなり，

【リライトクレーム例における対応部分】a body comprising a pair of sheets comprising a meshed material,

「前記袋体は一対のシートからなり」の「からなり」の訳を comprising としています。英文クレームでは，クレームの主語が「構成要素をもつ」「構成要素を備える」場合や，クレームの主語が「複数の構成要素から構成される」場合，さらにはクレームの主語が「材料からなる」「素材からなる」「材料でできている」「素材からなる」場合などに，comprise（comprising）が使用されることがあります。また，クレームの主語に限らず，クレームの構成要素が「別の構成要素をもつ，備える」場合や，クレームの構成要素が「別の複数の構成要素から構成される」場合，さらにはクレームの構成要素が「材料からなる」「素材からなる」「材料でできている」「素材からなる」場合にも comprise（comprising）が使用されることがあります。これらのうち，「前記袋体は一対のシートからなり」はクレームの構成要素が別の複数の構成要素から構成される場合に当てはまると考えられるため，上記のように comprising を使用して comprising a pair of sheets としました。

　［9］で解説しているように，comprise（comprising）は transition（移行部）ともいわれ，クレームの移行部に使用され，また，以下に説明するように「オープン・エンド」（open-ended, inclusive, nonexclusive）のニュアンスをもつとされています。

> M.P.E.P. §2111.03(I)
>
> The transitional term "comprising", which is synonymous with "including," "containing," or "characterized by," is inclusive or open-ended and does not exclude additional, unrecited elements

or method steps.[※45]

例えば，次のような beverage bag A をクレームしたとします。

A beverage bag A <u>comprising</u>:
a body; and
a string attached to the body.

この場合，beverage bag A は例えば次のような beverage bag B をカバーするとされています。

A beverage bag B comprising:
a body;
a string attached to the body; and
a tag attached to an end of the string.

また，beverage bag A のように，その構成要素を comprising のあとに単数形の「a」で導入した場合（a body と a string），他に数を限定するような表現がなければ，通常単数形と複数形の両方の可能性をカバーするとされています[※46]。例えば，beverage bag A は次のような beverage bag B をカバーするとされています。

A beverage bag B comprising:
a body; and
a plurality of strings attached to the body.

A beverage bag B comprising:
a plurality of bodies; and

---

45 [R-08.2017]．（2017年8月に改定された版のM.P.E.P.であることを示す）

46 Faber, Robert C. "Chapter 3 Apparatus or Machine Claims", "§3:11 Singular and Plural Elements". Faber on Mechanics of Patent Claim Drafting, 7th ed., Practising Law Institute, 2017. ("The singular form 'a' used in conjunction with 'comprising' and without narrowing language typically encompasses both singular and plural possibilities, if there is no expression of intent in the claim, the specification, or the prosecution history to limit the element to a singular form.").

a string attached to the plurality of bodies.

A beverage bag B comprising:
a plurality of bodies; and
a plurality of strings respectively attached to the plurality of bodies.

このように，comprise（comprising）はクレームにおいて移行部として使用するのが基本ですが，リライトクレーム例のようにクレームの本体部でも冒頭に示した意味で comprise が使用されることがあります。

> 2. The writing tool according to claim 1, wherein said core stick comprises carbon.[47]

本書では，この実務に倣って，クレームの移行部以外でも comprise を使用するという立場をとっています（クレーム3のリライトクレーム例も参照）。
ただし，主に化学分野において，材料などを限定する場合の「〜からなる」「〜でできている」に対して，consist of に代表される，comprise とは正反対のニュアンスをもつ用語を使用しなければならない場合があります。comprise が open-ended の意味をもつのに対し，consist of は exclusive といわれ，クレームに記載されていない要素等は含まないとされています。

> M.P.E.P. §2111.03(II)
> The transitional phrase "consisting of" excludes any element, step, or ingredient not specified in the claim.[48]

翻訳担当者は，技術内容をしっかり理解した上で，より適切な用語を選定することが求められます。

---

［20］comprise は構成要素に対して使う

comprise はあくまでも構成要素に対して使用し（例えば，Y が Z という構

---

47 木梨貞男. 米国特許クレーム入門. 財団法人発明協会, 2007, p.80.
48 [R-08.2017].

成要素を有するとき，Y comprises Z とする），内的要素（inherent compo-
nent）や内的特徴（inherent characteristics）に対しては have を使用する
のが一般的です。これは，クレームにおいて，構成要素と内的要素・特徴とい
う異なる概念に対して同一の用語を使用することは好ましいことではないとい
う考えからきています。つまり，内的要素や内的特徴については，例えば has
を使って次のように表現するのが一般的です（［52］参照）。

内的要素・内的特徴の例：
(1) the element has a first surface and a second surface (○)
(1') the element comprises a first surface and a second surface (△)
(2) the element has a weight higher than a standard weight deemed
    appropriate (○)
(2') the element comprises a weight higher than a standard weight
    deemed appropriate (△)

［21］a pair of は 3 以上も含む

【第 2 日本語文（1）】袋体であり，前記袋体は一対のシートからなり，一対
    の前記シートはメッシュ状の素材からなり，
【リライトクレーム例における対応部分】a body comprising a pair of
    sheets comprising a meshed material,

次に，「一対のシート」を a pair of sheets としています。a pair of は，
comprise（comprising）とともに使用することで，「少なくとも一対の」「2
以上の」を意味し，例えば 3 枚のシートの場合も含むと解釈されます。ただ
し，a pair of sheets は 1 枚のシートは権利範囲外になります（*Faber*）。

The minimum (or as appropriate, maximum) number of elements
necessary for the combination to function properly should be
recited. The minimum number then covers a larger number
where, as is customary, the word "comprising" is used[304] (section
2:5, above). The term "a pair" will cover two or any number
greater than two, but it will not cover only one.[*49]

【参考日本語訳】

要素の組み合わせが適切に機能するための要素の下限数（または上限数）を記載すべきである。通常，comprising を使用すると，下限数よりも多い場合もカバーする。a pair of という表現は，2または2より多い場合をカバーするが，1の場合はカバーしない。

　なお，a pair of は，単数形の動詞になることもあれば，複数形の動詞になることもあるとされています。単数形の動詞になるのは，a pair of が1つのまとまったものとして扱われる場合です（例：This pair of shoes is on sale.）。複数形の動詞になるのは，a pair of のうちそれぞれが独立したものとして扱われる場合です（例：The pair are working more harmoniously now.[50]）。

　本書は，a pair of に対していかなる場合も複数形の動詞を使用するという立場をとっています。a pair of が1つのまとまったものであっても，お互いに独立したものであっても，同一のものまたは類似のものが複数存在することには変わりがなく，複数であることを明確にするためです。同様に，a plurality of，a variety of，a multiplicity of などの類似表現に対しても，いかなる場合も複数形の動詞を使用する立場をとっています。例外として，a group of や a combination of は1つにまとまっているという認識が上記種々の表現よりも広く浸透しているため，単数形の動詞を使用することにしています。

特許英語の基本をチェック 5

英文スタイル③：3つ以上の項目を列挙する際のコンマの使い方

　英文において，3つ以上の項目を and や or でつなげて列挙する際，最後の項目以外のすべての項目の後ろにコンマ「,」を設けるべきとされています[1]。そして，次の例で and と or の直前にあるコンマをオックスフォード・コンマと呼びます。

---

49 Faber, Robert C. "Chapter 3 Apparatus or Machine Claims", "§3:11 Singular and Plural Elements". Faber on Mechanics of Patent Claim Drafting, 7th ed., Practising Law Institute, 2017.

50 "pair". THE FREE DICTIONARY BY FARLEX, FARLEX, INC. http://www.thefreedictionary.com/pair

例：
・red, white, and blue
・gold, silver, or copper
・He opened the letter, read it, and made a note of its contents.

これに対して，"red, white and blue" のように，オックスフォード・コンマを設けないという手法が慣習的に行われており，この手法の方が好まれる場合があります。筆者はオックスフォード・コンマを設ける手法を採用しています。
　さらに，列挙する項目自体に句読点などが設けられていることなどが原因で各項目が複雑な構造になっている場合は，各項目をコンマではなくセミコロン「；」で区切ることが推奨されています※2。

例：
・The membership of the international commission was as follows: France, 4; Germany, 5; Great Britain, 1; Italy, 3; United States, 7.

・The defendant, in an attempt to mitigate his sentence, pleaded that he had recently, on doctor's orders, gone off his medications; that his car ? which, incidentally, he had won in the late 1970s on *Let's Make a Deal* – had spontaneously caught on fire; and that he had not eaten for several days.

　特許英訳においては，上記例文のように各項目が非常に長くなったり複雑になることが頻繁に起こるため，各項目をセミコロンで区切ることは明確性を担保する上で有益と思われます。

※1：Strunk, William, Jr.; White, E. B. The Elements of Style. 4th ed., Longman, 1999, p.2; The University of Chicago Press. The Chicago Manual of Style, 16th ed., 2010, p.312.
※2：The University of Chicago Press. The Chicago Manual of Style, 16th ed., 2010, p.312.

Section 5　第2日本語文の英語化〜「袋体」編（2）〜

　前回の Section では，クレーム1の原文をもとにした第2日本語文（1）「袋体であり，前記袋体は一対のシートからなり，」までを次のような英文にしました。

a body comprising a pair of sheets

　今回の Section では，第2日本語文（1）のうち，「一対の前記シートはメッシュ状の素材からなり，」について見ていきます。

［22］名詞の「数の対応」に対応する方法

【第2日本語文（1）】一対の前記シートはメッシュ状の素材からなり，
【リライトクレーム例における対応部分】(a body comprising a pair of sheets) comprising a meshed material,

　"comprising a meshed material, ..." の comprising は直前の sheets を修飾しています。これにより，一対のシートの両方とも1つ（1種類）のメッシュ状の素材（a meshed material）からなるということを示唆しています。つまり，両方のシートが，別々の種類のメッシュ状の素材ではなく，同じ1つ（1種類）のメッシュ状の素材からなるという意味になります。
　ここで，日本語の原文をもとに英文クレームを作成する際に頻出する問題として，「数の対応」という問題があります。これは「数を合わせる」という意味で，多くの翻訳者が複数形のものを説明する際に直面する問題です。特に，本例のように comprising を使って「〜からなる」「〜を備える」などの説明をする際に，comprising の後にくる名詞を複数形にすべきかどうか迷うことが多々あります。
　本例で見ていきましょう。「数の対応」の観点から，次の英訳候補1〜3が考えられます。それぞれ一長一短があり，発明の内容などから適切なものを選択するようにしています。

(1) a pair of sheets comprising a meshed material
(2) a pair of sheets comprising meshed materials

（3）a pair of sheets each comprising a meshed material

（1）a pair of sheets comprising a meshed material

　1は，a pair of sheets が複数形なのに対して，a meshed material は単数形になっています。これによって，上述した通り，一対のシート両方が同じ1つ（1種類）のメッシュ状の素材からなるということを示唆しています（厳密には，特許クレームでは不定冠詞 a は，comprising とともに使用される場合「少なくとも1つ」を意味するため，少なくとも1つのメッシュ状の素材）。忠実訳例，リライトクレーム例ともにこれを採用しています。1を採用した理由としては，これが発明の内容を最も的確に表していると判断したことが挙げられます。図3を見てみましょう。[12] でも解説しているように，一対のシートと吊り片を同一の生地 T から裁断して一体形成することが本発明の肝であり，得られる効果の1つが，吊り片を別途取り付ける工程を省略することであるとされています（【0010】【0014】【0015】【0023】【0030】【0036】参照）。つまり，一対のシートはもちろん，後述の吊り片までもが同じ1つ（1種類）のメッシュ状の合成樹脂からなるのが本発明であり，これに最も近い表現が1です。

図3

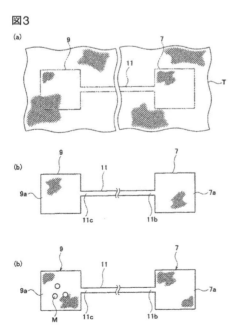

(2) a pair of sheets comprising meshed materials

　2は，comprising の後が複数形（meshed materials）になっています。この英訳の根底にあるのは，a pair of sheets が複数形なのだから，meshed materials も複数形にすることによって a pair of sheets と meshed materials の数を合わせ，いわゆる「1対1の関係」をもたせるのが筋の通った英訳方法だろう，という考えだと思われます。そして，「数の対応」に対応する方法としては2の方針が最もポピュラーであり，技術的にも適切な場合が多いとされています。本 Chapter の Section 6 で取り上げている「一対の前記袋構成シートの周縁部」は，2の方針のもと perimeter portions of the pair of sheets としています。これは，1つの perimeter portion が1つの sheet に対応するという「1対1の関係」が成り立ち，また，別の1つの perimeter portion も別の1つの sheet に対応するという「1対1の関係」が成り立っていることを意図しており，例えば，

　　a perimeter portion of one sheet of the pair of sheets and a perimeter portion of another sheet of the pair of sheets

と言い換えることができます。これを perimeter portions of the pair of sheets とすることは，技術的に適切と考えられます。しかし，a pair of sheets と meshed materials については，上述のように「1対1の関係」ではなく，a pair of sheets の両方が1つの meshed material からなるため，2は不適切と判断しました。

(3) a pair of sheets each comprising a meshed material

　3は1と似ていますが，comprising の前に each をつけている点で1と異なります。each は「数の対応」に対応する際に非常に重宝する単語です。意味は，"used to refer to every one of two or more people or things, when your are thinking about them separately"[51]で，複数のもののうち個々のものについて個別に説明するときに使用されます。したがって，a pair of sheets each comprising a meshed material, ... のように sheets の直後に each を配置することにより，each の後の説明がシート1枚1枚に当てはまることを示唆しています。これにより，1枚1枚のシートがそれぞれ，1つ（1種類）のメッシュ状の素材からなるという意味になり，2よりも「数の対応」が

---

51 "each". Oxford Advanced Learner's Dictionary of Current English. Oxford University Press, 9th ed., 2015, p.482.

明確になっています。

　今回，3を採用しなかった理由は次の通りです。3は，一対のシートのうち，一方のシートのメッシュ状の素材と他方のシートのメッシュ状の素材が同じものなのか別のものなのかが曖昧になっています。同じメッシュ状の素材であれば，1のeachをつけない英訳と同じ意味になり，eachをつけない方が意味が明確になるため，1を採用した方がよいと思われます。異なるメッシュ状の素材であれば，each comprising a different meshed material, ... と同じ意味になります。differentであることをさらに明確にする必要のある場合は，eachを取り，さらにfirst, secondを使って次のようにすることもできます。

a body comprising a first sheet and a second sheet, the first sheet comprising a first meshed material, the second sheet comprising a second meshed material different from the first meshed material,

上述のように，本発明では一対のシートのメッシュ状の素材はdifferentではなくsameのため，1の方がより適切と判断しました。

　このように，「数の対応」に対処する代表的な表現方法である1～3から，技術的に最も適切なものとして1を選択しました。

　以上をまとめると，「数の対応」に適切に対応するために，次のようなプロセスを踏むことが考えられます。

（A）「複数名詞＋comprising＋単数名詞」形式の英訳を作ってみる。
（B）「複数名詞＋comprising＋複数名詞」形式の英訳を作ってみる。
（C）「複数名詞＋comprising＋each＋単数名詞」形式の英訳を作ってみる。
（D）明細書本文（特に【発明を実施するための最良の形態】）や図面を見て，（A）～（C）のうちどの英訳が適切か検討し，最も適切な英訳を決定する。

　A～Cではcomprisingを使用していますが，このプロセスはcomprisingがない場合の「数の対応」対策にも応用することができます。また，慣れるとA～Cは頭の中でできるようになり，手を動かす作業はDだけになります。Dの作業は意外と手間がかかるため，それを怠り，無難といわれるBを選ぶことが一部で行われているようです。確かに，時間的な制約がある翻訳作業の

　途中で，パソコンの翻訳画面から離れ，原文ファイルを開き（または紙原稿に目を移し），発明内容を確認するという作業は労力的にも心理的にも負担かもしれません。しかし，本当に役に立つ英文クレームを作成するためには，Dはどうしても必要な作業です。また，工夫をすれば，Dの負担を軽減することができます。一例として，非常にシンプルな方法を以下にご紹介します。

　筆者は翻訳作業の際，秀丸（https://hide.maruo.co.jp/index.html）というテキストエディタを使用しています[52]。秀丸はカスタマイズの自由度が高く，Dの作業負担を軽減してくれる文書作成ツールです。

　具体的には，秀丸のカスタマイズ機能を使って，秀丸ファイルの画面をワンタッチで（キーボードのショートカットキーで）上下に分割できるように設定します。そして，秀丸ファイル上に原文と訳文を1行ずつ交互に配置するように設定して翻訳を進めます。つまり，原文と翻訳文が常に同じ1つの秀丸ファイル上にあります。そして，翻訳の途中でDの作業が必要になったら，画面をショートカットキーで上下に分割します。分割した画面の上側は，現在進行している翻訳箇所の画面で，下側の画面で検索機能などを使い，調べたい原文箇所に移動して発明内容を確認します。これにより，現在進行している翻訳箇所の画面（上側の画面）から離れることなく，キーボード上でのワンタッチの画面分割作業だけで同じファイル上の別の箇所を確認できるため，Dの負担がかなり軽減できています。以下に実際の秀丸画面を載せます。

秀丸ファイル上に原文と訳文を1行ずつ交互に配置するように設定している画面

1021 メッシュ状の合成樹脂からなる一対の袋構成シートを重ね合わせた状態で、一対の
1022 前記袋構成シートの周縁部同士を熱圧着することによって構成され、抽出原料を
1023 内包した袋体と、↓
1024 a body comprising a pair of sheets comprising a meshed material,
1025 the pair of sheets being superposed on each other with perimeter
1026 portions of the pair of sheets in so close contact with each other
1027 that an infusion material is held between the pair of sheets; and↓

画面を上下に分割している（上下とも同じ箇所が表示されている）

分割した下側の画面で明細書本文の関連箇所を検索している

[23]「〜状」を -like 以外で表現する

【第2日本語文（1）】一対の前記シートはメッシュ状の素材からなり，

【リライトクレーム例における対応部分】(a body comprising a pair of sheets) comprising a meshed material,

次に，「メッシュ状の合成樹脂」を a meshed material としています。忠実訳例においては，「メッシュ状の」を mesh-like のように -like を使って表現していますが，クレームにおいて -like の使用は避けるという実務があり，本書もこれに倣っています。理由はいくつか考えられますが，その1つとして，

名詞に -like をつけると,「〜のようなもの」といった不明確な意味になる（何が「〜のようなもの」に見えるかは人によって異なり得るため特定しにくい）ことが挙げられます。

では,-like を使わずにどのように表現するのでしょうか。リライトクレーム例では,「メッシュ状」を meshed のように,mesh に -ed をつけて形容詞の形にしたものを使用しました。ここで大切なのは,必ず meshed を英英辞典で調べ,本当に「メッシュ状」の意味をもつかを確かめることです。何にでも安易に -ed をつけて通用するわけではないからです。特許という権利が関わってくる文書において,安易に作ったり思い浮かんだ単語の意味を調べもせずにそのまま使うというのは恐ろしい行為です。

意味はインターネットなどで簡単に調べることができます。筆者が英単語の意味をインターネットで調べるときに頻繁に参照しているのは,OneLook（http://www.onelook.com/）という英英辞典のサイトです。これは英英辞典の定義比較サイトのようなものです。単語を入力すると,インターネット上に数多くある英英辞典サイトからの意味を並列的に表示してくれるため,複数の英語による定義を見比べることができます。単語だけでなく,熟語や連語も調べることができます。OneLook で meshed を調べたところ,"Having the form or appearance of a mesh or network."[※53] という「メッシュ状」に近い意味であることがわかり,meshed は採用してもよいと判断しました。

［24］ 不定冠詞 a の使い方

【第2日本語文（1）】一対の前記シートはメッシュ状の素材からなり,

【リライトクレーム例における対応部分】(a body comprising a pair of sheets) comprising a meshed material,

次に,「メッシュ状の素材」を a meshed material のように不定冠詞 a をつけて表現しています。これは,クレームにおいて初出で単数の名詞には,不定冠詞 a をつけるという英文法に従ったものです[※54]。

同時に,a をつけることにより,「ある1つの（あるいは1種類の）素材」というニュアンスが出ています。[22] で解説しているように,一対のシートは

---

53 "meshed". Lexico.com. https://www.lexico.com/en/definition/meshed
54 米国式特許クレームにおけるa(the)の使い方については、ウェブサイトの記事「"a" "the"の使い方」（http://beikokupat.com/uspatent_glossary/athe/）を参照。

同じ1つ（1種類）のメッシュ状の合成樹脂からなるため，a をつけることにより，「同じ1つ（1種類）の」という意味を表現しています。

---

[25] comprising ... comprising ... のように comprising が連続することもある

【第2日本語文（1）】袋体であり，前記袋体は一対のシートからなり，一対の前記シートはメッシュ状の素材からなり，

【リライトクレーム例における対応部分】a body comprising a pair of sheets comprising a meshed material,

　上記英文において, comprising ... comprising ... のように2つの comprising が至近距離で使用されています。見栄えが良くないように見えますが，これは，このまま comprising の性質を考慮して使用した結果として頻繁に起こり得る現象です。例えば，表現にバリエーションをもたせることによって文章に「彩り」を添えたい，といった特許文書において重要度の低い理由により，一方を including に書き換えて a body comprising a pair of sheets including a meshed material, ... などとする必要はないと筆者は考えています。

特許英語の基本をチェック 6

英文スタイル④：括弧について

見出しを丸括弧で囲う用法は英語にはない
　日本語の特許明細書では，次のように実施形態などの見出しを丸括弧で囲うのが一般的です。

　　（第1実施形態）
　　本発明の第1実施形態について図1及び図2を参照して説明する。

これに対して，英文明細書では括弧を使用しないのが一般的です。

　　First Embodiment
　　The first embodiment will be described with reference to
　　FIGs. 1 and 2.

　これは，英語では丸括弧を見出しにつけるという用法はないことからきていると思われます。丸括弧は英語で parentheses や curved (round) brackets といい（開き括弧と閉じ括弧を合わせて複数形になっている），補足的な説明を加える際に使用されます（placed around extra information[※1]）。つまり，英語では比較的重要度の低い説明に対して丸括弧を使用するため，実施形態という重要なセクションの見出しに対して丸括弧を使用することは適切な用法ではないと思われます。したがって，筆者は見出しに括弧を使用しない，上記例のような形式を採用しています。なお，実施形態の見出しではなく，実施形態の文章中で補足的な説明をする際に丸括弧を使用することは，もちろん適切な用法です。

角括弧 ［ ］を一切使用しない

　日本語の特許明細書では，丸括弧の他に，角括弧 ［ ］ が主に見出しにおいて使用されることがあります。これに対して，英文明細書においては，角括弧（square brackets）を見出しや文章中にかかわらず一切使用しないことが推奨されます。これは，クレームや明細書本文を補正する際に，削除する箇所が5ワード以下の単語である場合などに，この削除箇所を示すために角括弧が使用されることがあるため（例：[[eroor]][※2]），このような補正箇所との混同を避けるためです。

山括弧＜＞は不等号記号に似ている

　丸括弧と角括弧に加えて，山括弧＜＞も日本語の特許明細書で使用されることがあります。山括弧は英語で angle brackets といい，数学の不等号記号と混同しやすいことから，括弧としては使用しないことが推奨されています。これに倣い，筆者は山括弧を使用しないようにしています。

> Angle brackets, bars, and double bars often carry special mathematical significance and should not be used to supplement the usual series shown above.[※3]

※1："parenthesis". Oxford Advanced Learner's Dictionary of Current English. Oxford University Press, 9th ed., 2015, p.1118.
※2：M.P.E.P. §714ⅡB.

※3：The University of Chicago Press. The Chicago Manual of Style, 14th ed., 1993, p.442.（文中の "the usual series shown above" は，丸括弧や角括弧などの一般的に使われる括弧を示す）

Section 6 　第2日本語文の英語化〜「袋体」編（3）〜

　前回の Section で，第2日本語文（1）の冒頭部分「袋体であり，前記袋体は一対のシートからなり，一対の前記シートはメッシュ状の素材からなり」をもとにした英文を作成しました。今回の Section では，第2日本語文（1）の残りの部分を英文にしていきます。

［26］構成要素に独立分詞構文による限定句を加える

【第2日本語文（1）】一対の前記シートは重ね合わされており，一対の前記シートの周縁部同士が密着しており，この密着により抽出原料が一対の前記シートの間に維持されている

【リライトクレーム例における対応部分】(a body comprising a pair of sheets comprising a meshed material,) the pair of sheets being superposed on each other with perimeter portions of the pair of sheets in so close contact with each other that an infusion material is held between the pair of sheets; and

　上記日本語文の最初の部分「一対の前記シートは重ね合わされており」を ... , the pair of sheets being superposed on each other ... としています。the pair of sheets の直前にあるコンマ「,」は，前回の Section で英訳した a body comprising a pair of sheets comprising a meshed material から続いていることを示しています。

　このように，英文クレームでは，構成要素（ここでは a body）から始まる名詞句の後にコンマを設け，その後に「主語＋動詞 -ing（ここでは being）」のかたちで別の説明（限定）を加えていくという手法があります。つまり，本例の場合，a body comprising a pair of sheets comprising a meshed material に含まれる pair of sheets に新たな限定を加えるために，a body comprising a pair of sheets comprising a meshed material の後に the pair of sheets being superposed on each other ... という「主語＋動詞 -ing」の形の名詞句を加えています。

　a body comprising a pair of sheets comprising a meshed material と the pair of sheets being superposed on each other ...

はコンマでつなげ,

　a body comprising a pair of sheets comprising a meshed material, the pair of sheets being superposed on each other ...

としています。

　このように, the pair of sheets being superposed on each other ... は直前の文章に「動詞 -ing」の形式でつながっているため, 文法的には独立分詞構文（nominative absolute）の一種と考えられます（以下, the pair of sheets being superposed on each other ... のような表現を「独立分詞構文」と呼ぶこととします）。英文クレームでは, 構成要素に限定を加えるときに（特に複数の限定を加えるときに）このように独立分詞構文が使用されることがあります。

　独立分詞構文では, the pair of sheets being superposed on each other ... の being を is に置き換えた ..., the pair of sheets is superposed on each other ... のような節にはしないのが一般的です。節にすると, 最初の a body comprising a pair of sheets comprising a meshed material という名詞句の後に節が接続詞なしで続くことになり, 文法的に不自然な英文になります（a body comprising a pair of sheets comprising a meshed material, the pair of sheets is superposed on each other ...）。

　また, a body comprising a pair of sheets comprising a meshed material と the pair of sheets being superposed on each other ... の後ろにさらに別の限定を加えたい場合は, 同じように「コンマ＋動詞 -ing」の形式で限定を加えていきます。この際, 一番最後の限定句の前に and を設けないのが一般的です。つまり, 例えば3つ以上の名詞を列挙する場合, a, b, and c のように, b と c の間に and を設けるのが一般的ですが, 特許クレームにおいて3つ以上の独立分詞構文を列挙する場合は and を設けないのが一般的です。

　例1：a body comprising a pair of sheets comprising a meshed material, the pair of sheets being superposed on each other with perimeter portions of the pair of sheets in so close contact with each other that an infusion material is held between the pair of sheets, the infusion material comprising a compressed solid;

("<u>and</u> the infusion material comprising a compressed solid" としない)

例2（*Faber* より引用）：a carriage on which the bending fingers and the article holder are mounted<u>, the carriage being</u> mounted in the guideway of the base for sliding movement between the first and second stops<u>, the carriage having</u> a transverse guide slot in its upper surface in which the article holder is mounted for relative sliding movement toward and away from the bending fingers, …[55]（下線は筆者による付加）

［27］ 英文ライティングにおける英英辞典の有用性

【第2日本語文（1）】一対の前記シートは重ね合わされており，一対の前記シートの周縁部同士が密着しており，この密着により抽出原料が一対の前記シートの間に維持されている

【リライトクレーム例における対応部分】…, the pair of sheets being superposed on each other with perimeter portions of the pair of sheets in so close contact with each other that an infusion material is held between the pair of sheets; and

次に，「一対の前記シートは重ね合わされており」を …, the pair of sheets being superposed on each other … とし，「重ね合わせ」を superpose を使って表現しています。superpose は英英辞典で次のように定義されています。

place (one geometric figure) upon another so that their perimeters coincide[56]

この定義は，superpose は2つのシート状のものをお互いの周縁部（perimeters）同士が揃うように重ね合わせるという，本例の内容をまさに言

---

55 Faber, Robert C. "Chapter 3 Apparatus or Machine Claims", "§3:16 Parts or Features of Elements". Faber on Mechanics of Patent Claim Drafting, 7th ed., Practising Law Institute, 2017.

56 "superpose". OneLook Dictionary Search. https://www.onelook.com/?w=superpose&ls =a

い当てていることから，「重ね合わせ」に superpose を採用しました。また，これは英英辞典を使用することのメリットでもありますが，定義の中に perimeters という「周縁部」に相当する単語が含まれており，perimeters を参考にして一対のシートの「周縁部」を perimeter portions としました（portions を加えていることについては後述）。つまり，superpose を英英辞典で調べることにより，superpose が「重ね合わせ」として適切な単語かを確かめることができただけではなく，「周縁部」の訳語として使用できる perimeter という単語も見つけることができました。英文ライティングにおける英英辞典の高い有用性がわかる例です。

---

[28]「前置詞＋ each other」をつけ加える

【第2日本語文（1）】一対の前記シートは重ね合わされており，…
【リライトクレーム例における対応部分】…, the pair of sheets being
　　superposed on each other ...

　superposed on each other の on は接触していることを意味する前置詞です。each other は「お互いに」という意味で，ここでは直前の the pair of sheets についての「お互いに」を意図しています。superposed の後ろに on each other を加えることにより，「一対の袋構成シートがお互いに対して重ね合わせされている」という意味になります。ここで on each other がないと，the pair of sheets being superposed となり，一対の袋構成シートが何に対して重ね合わせされているのかが読み手に理解されない可能性があります（例えば，一対の袋構成シートが別の物に重ね合わせされている，という誤解を招く可能性があります）。したがって，on each other は，文章の意味を明確にするために重要な役割を果たしています。
　同じ理由により，on each other 以外の「前置詞＋ each other」表現は原文の意図を明確にするための重要な表現です。例えば，「ＡとＢはつながっている」という文章があるとします。これが「ＡとＢはお互いにつながっている」という意味であれば，A and B are connected to each other のように to each other をつけ加えるようにしています。A and B are connected だけで十分であり，to each other は必要ないという意見もありますが，本書では，to each other などをつけ加えて，ＡとＢが何につながっているかを明確にするという立場をとっています。to each other をつけるほかに，A is connected to B の

ようにして意味を明確にする方法もあります。

　なお，superposed on each other や connected to each other は，他動詞に -ed をつけることによって形容詞のような形になっています。他動詞に -ed をつけずにそのまま使う場合は，「前置詞＋ each other」の前置詞がなくなり，each other だけになります。例えば，「A と B は向かい合っている」は，A and B face each other. または A faces B.（または B faces A.）となります。

---

［29］ perimeter に portion を加えて対象範囲を広げる

　上述のように，一対のシートの「周縁部」を perimeter portions としました。perimeter は，"The outermost parts or boundary of an area or object."※57 という意味で，文字通り，物の「周縁部」を表していることがわかります。つまり，perimeter のみで（portion なしで）「周縁部」を表現できるように思われます。本例で perimeter にあえて portion を伴って perimeter portion（厳密には perimeter portions）としているのは，perimeter などの物の一部分を表す名詞に portion を加えることにより，単なる perimeter よりも対象範囲を広げる，例えば perimeter とその周辺部もカバーすることを狙うという実務があり，これに倣ったためです。そして，この実務では，次の例のように，portion を加えたことの意図や portion が示す範囲を説明する文章を明細書本文に記載することが行われています。

> The term "perimeter portion" is intended herein to include the perimeter or a portion offset from and proximate to the perimeter of a membrane, member or portion.
> （https://patents.google.com/patent/US7962970）

> The term "perimeter portion" is used herein to include an area substantially about the perimeter of a membrane. The perimeter portion can be, for example, twenty percent of the membrane area nearest to the membrane perimeter.
> （https://patents.google.com/patent/US20020108175）

---

57 "perimeter". Lexico.com. https://www.lexico.com/en/definition/perimeter

Note that the term "perimeter portion" is intended to include the perimeter of a membrane or member as well as any portion offset from and proximate to the perimeter.
（https://patents.google.com/patent/US7212645）

これらの例を参考にして，本例に相当する説明文を「英借文」した例が次の英文です。

As used herein, the term "perimeter portion" of the sheet is intended to include the perimeter of the sheet and any portion offset from and proximate to the perimeter.

この説明文を，例えば，【発明を実施するための最良の形態】の冒頭（【００１６】）に対応する英文段落の最後に追加したり，周縁部（７ａ，９ａ）についての説明が記載されている【００１９】に対応する英文段落の最後に追加することが考えられます（巻末付録2では[0016]に記載しています）。

なお，上記例で使用されているherein という単語は，「本願において」「本明細書において」といった意味で広く使用されている専門用語です。

The term "herein" means "in the present application, including anything which may be incorporated by reference", unless expressly specified otherwise.
（https://patents.google.com/patent/US20150107153）

また，上記訳文 "perimeter portions of the pair of sheets" は，"a perimeter portion of one sheet of the pair of sheets and a perimeter portion of another sheet of the pair of sheets" ということを表しており，[22] で解説しています。

---

[30]「状態」は訳出すべき場合と訳出不要の場合とがある

【第2日本語文（1）】一対の前記シートは重ね合わされており，
【リライトクレーム例における対応部分】…, the pair of sheets being superposed on each other …

上記の第2日本語文（1）において，原文（第2日本語化する前の日本語文）でこの部分に対応するのは，「一対の袋構成シートを重ね合わせた状態で」です（[14] 参照）。

　原文には「状態」と記載されています。「状態」は特許明細書における頻出表現で，state や status，あるいは condition などと訳されるのが一般的です。しかし，「～の状態で」「～した状態で」などの表現は，state や status，condition などを使わずにもっと簡潔に表現できることが多々あります。次の例を見てみましょう。

　カップの取っ手を手で持った状態で，カップ内にお湯を注ぐ。

この例文を state を使用して英訳すると，例えば次のようになります。

　Pour boiling water into the cup in a state in which your fingers touch the handle.

この英文は state を使用したことにより英文構造が複雑になっており，回りくどい印象を与えています。非常に簡単な技術内容ですが，特許文書ではより複雑な内容を扱うことが多く，state を使用することで英文構造も複雑になり，読み手にとって理解困難な英文になる場合があります。上記例の「状態」は，書き手が「つい書いてしまう」類の，訳す必要がないタイプの「状態」であると考えられます。このようなタイプの「状態」は，with がもつ「付帯状況」という，ある状況に別の状況が加わることを表す用法を使って，次のように表現できます。

　Pour boiling water into the cup with your fingers touching（ または on）the handle.
　または，Hold the handle and pour boiling water into the cup.

　これに対して，訳出した方がいいタイプの「状態」もあります。これは，上記の付帯状況とは異なる場合です。次の例を見てみましょう。

　プリンターを初期状態に戻す。
　訳例：Restore the printer to its initial state.

この「初期状態」のように，「状態」自体が主語や目的語になり得る場合，つまり，「初期状態とは，〜のことである」「…の状態をモニターする」などの表現が可能な場合は，「状態」を訳出すべき可能性が高いといえます。

特許英語の基本をチェック　7

英文スタイル⑤：文章間のスペース，引用方法などについて

全角文字を使用しない

全角文字は日本語非対応の MS Word 上などで文字化けする可能性があるため，英文明細書では一切使用しないことが推奨されます。MS Word のチェック機能等を使用して，全角文字がないかチェックするなどの対策が必要です。

文章間のスペース

文章間のスペースは，1つまたは2つ設けるのが一般的です（1つの場合はピリオドの後にスペースキーを1回，2つの場合は2回押してから次の文章を始める）。スペース1つと2つの違いとしては，後者は読みやすくなる一方，ページ数が増えることなどがあります。筆者は，読みやすさを優先して「スペース2つ」を採用しています。

スペース1つの例：

Sentence spacing studies analyse the effects of sentence spacing techniques on the readability of text. The only direct scientific studies have been conducted by researchers from the University of Georgia, for on-screen text. There are currently no direct sentence spacing studies for printed text.[1]

スペース2つの例：

Sentence spacing studies analyse the effects of sentence spacing techniques on the readability of text. The only direct scientific studies have been conducted by researchers from the University of Georgia, for on-screen text. There are currently no direct sentence spacing studies for printed text.

なお，「スペース2つ」に似た言葉としてダブルスペースがありますが，ダブルスペースは行間のスペースのことを指すため（【特許英語の基本をチェック1】参照)，「スペース2つ」とダブルスペースは意味が異なります。

コーテーション・マークを使用した引用の方法
　コーテーション・マークを使用して引用を行う際，米国では次のようにダブルコーテーション・マークを使用し，ピリオドをマーク内に収めるのが一般的です。

The Office Action asserts that "the Y reference discloses all the limitations recited in Claim 1."

　この引用方法の場合，Office Action において審査官が書いた内容は，ピリオドも含む，つまり，上記引用文は Office Action において本当にピリオドで終わっていることを示唆しています。もし，上記引用文が実際にはピリオドで終わっておらず，例えば "the Y reference discloses all the limitations recited in Claim 1, and ..." のように文章が続いている場合，次のようにピリオドをマーク外に配置することにより，引用部分を厳密に示すことが推奨されます。

The Office Action asserts that "the Y reference discloses all the limitations recited in Claim 1".

※1："Sentence spacing studies". Wikipedia, the free encyclopedia.
https://en.wikipedia.org/wiki/Sentence_spacing_studies

Section 7　第2日本語文の英語化～「袋体」編（4）～

前回の Section では，第2日本語文（1）のうち，「一対の前記シートは重ね合わされており」をもとにして英文を作成しました。

今回の Section では，with 以下について検討していきます。

---

[31] 原文の論理の流れを汲み取り，論理的な英語にする

【第2日本語文（1）】一対の前記シートは重ね合わされており，一対の前記シートの周縁部同士が密着しており，この密着により抽出原料が一対の前記シートの間に維持されている

【リライトクレーム例における対応部分】…, the pair of sheets being superposed on each other <u>with perimeter portions of the pair of sheets in so close contact with each other that an infusion material is held between the pair of sheets</u>; and

下線部は，上記第2日本語文（1）に対応しています。ここには with があり，最初の with は前 Section の［30］で解説した with の付帯状況という用法を意図しています。すなわち，…, the pair of sheets being superposed on each other with … において with を用いることにより「一対の袋構成シートは with 以下で表す状態で重ね合わせられている」というニュアンスにしています（理由は後述）。

第2日本語文（1）の「一対の前記シートの周縁部同士が密着しており，この密着により抽出原料が一対の前記シートの間に維持されている」は，Section 3 の［11］～［16］で原文「一対の前記袋構成シートの周縁部同士を熱圧着することによって構成され，抽出原料を内包した」を再構築したものです。

原文では，「一対の前記袋構成シートの周縁部同士を熱圧着することによって構成され」と「抽出原料を内包した」が一見お互いに独立しているように見えますが，これらは論理的につながっていると考えられます。

「メッシュ状の合成樹脂からなる一対の袋構成シートを重ね合わせた状態で，一対の前記袋構成シートの周縁部同士を熱圧着する」とどうなるでしょうか？「熱圧着」は，「強くくっ付ける」（密着させる）ための1つの方法と思われるため，一対の袋構成シートの周縁部同士を密着させると，お互い離れない状態

になっていることが想像できます。そして，一対の袋構成シートの周縁部同士が離れないということは，周縁部以外の部分は離れることができるということであり，これはまさに袋のような形，つまり「何か」を収容できる状態になっていることが想像できます。そして，これが次の「抽出原料を内包した」につながってきます。つまり，直前の説明で「袋状」になった一対の袋構成シートの中に，抽出原料が入って（内包されて）いることがわかります。

　　一対の袋構成シートを重ね合わせる
　　　↓
　　一対の前記袋構成シートの周縁部同士を熱圧着する（ことによって袋状にする）
　　　↓
　　袋の中に抽出原料を入れる

　この原文の論理の流れを汲み取り，不必要と思われる限定を処理した上で再構築したのが，「一対の前記シートの周縁部同士が密着しており，この密着により抽出原料が一対の前記シートの間に維持されている」です。そして，この再構築文をもとに作った英文が，この［31］の冒頭に示した英文です。英文では論理の流れを上手く表現しようと努めました。

---

［32］構造はドライに表現する

　［14］で解説しているように，第2日本語文（1）の「一対の前記シートは重ね合わされており，一対の前記シートの周縁部同士が密着しており，この密着により抽出原料が一対の前記シートの間に維持されている」は，動きのない構造物を説明するのに適した英文の作成を念頭に置いた再構築文でもあります。
　上記第2日本語文（1）に対応する原文「メッシュ状の合成樹脂からなる一対の袋構成シートを重ね合わせた状態で，一対の前記袋構成シートの周縁部同士を熱圧着することによって構成され，抽出原料を内包した」に対して，読み手の多くは「動き」を感じるのではないかと思われます。すなわち，次のような一連の動きです。

　　一対の袋構成シートを重ね合わせる
　　　↓

一対の前記袋構成シートの周縁部同士を熱圧着する（ことによって袋状にする）
↓
袋の中に抽出原料を入れる

　この一連の動きは，まるで人間や機械による作業を描写しているような印象を与えています。また，時間の経過を感じさせる描写にもなっています。すなわち，個々の作業と作業の間に時間差があるような印象を与えています。しかし，請求項1でクレームしようとしているのは，これら一連の作業を経てでき上がった飲料バッグという完成品の構造です。このようなクレームを，本書では「製品クレーム」あるいは「モノクレーム」と呼んでいます（［4］参照）。請求項4で扱うような方法クレームでは，「動き」や「時間の流れ」を伴うことがありますが，請求項1のようなそれ自体が動きを伴わないモノクレームにおいては，動きのないドライな（動きではなく状態を表す）英文で構造を説明することにより，モノの製造過程を描写しているといった誤解が生まれる可能性を極力排除する必要があります（［13］［14］参照）。

　［13］で解説しているように，原文の「熱圧着する」を「密着」と上位概念化して，これを … in so close contact with each other that … と表現しています（これを提案するコメント例を後述します）。さらに，「熱圧着する」の「する」は動きを示唆するため構造表現には適さず，「〜している」という状態のニュアンスを出しました。つまり，… in so close contact with each other that … は「密着している」（「密着させる」という動きではなく）を表しています。

［33］形容詞は「程度」がわかるように使う

with perimeter portions of the pair of sheets in so close contact with each other that an infusion material is held between the pair of sheets

　このリライトクレーム例において，close contact の close が「密着」の「密」を表し，contact が「着」を表しています。そして，in so close contact with each other that … という so … that … 構文を使って，close の程度（どれだけ close か）を表しています。この理由は，形容詞や副詞は相対的な表現（relative terminology）のため，その程度（どれだけ〜なのか）や定義（何をもって〜というのか）を読み手（特に当業者）に示さなければならないから

です（M.P.E.P. §2173.05(b)[58]）。

　例えば，small（小さい）という形容詞は，どれだけの小ささを small と感じるかが読み手によって異なるため，small 単独で使用しても小ささが読み手に伝わらず，意味を成しません。意味のあるものにするために，例えば，smaller than ... という他の何かとの比較によって程度を明確にする必要があります[59]。

　本例では，so ... that ... 構文を使うことによって close の程度の明確化を図っています。つまり，in so close contact with each other that an infusion material is held between the pair of sheets とすることにより，「一対の袋構成シートの間に抽出原料を保持できるぐらい close だ」という程度を説明しています。

　that 以下の英文は，原文の「抽出原料を内包した袋体」に対応しています。原文では「袋体」が「内包」の主語になっていますが，［31］で論理の流れを追った結果，抽出原料を主語にした一対の袋構成シートとの関係を説明する文脈での訳出になりました。また，原文の「内包した」を第2日本語化した「～間に維持されている」を held between とし，静的な（動きのニュアンスを伴わない）状態を表現しました。

　以下は，「熱圧着する」を in so close contact with each other that ... と表現することを提案しているコメント例です。

コメント例

［原文］

メッシュ状の合成樹脂からなる一対の袋構成シートを重ね合わせた状態で，一対の前記袋構成シートの周縁部同士を<u>熱圧着する</u>ことによって構成され，抽出原料を内包した袋体と，

---

58 [R-08.2017].（2017年8月に改定された版の M.P.E.P. であることを示す）

59 例外として，「弾性」を表す resilient や flexible は他との比較なしで単独で使用できるとされている。Faber, Robert C. "Chapter 3 Apparatus or Machine Claims", "§3:16 Parts or Features of Elements". Faber on Mechanics of Patent Claim Drafting, 7th ed., Practising Law Institute, 2017. ("One problem comes with unbased comparatives, such as 'thick,' 'heavy,' and 'small.' These will frequently be considered vague and indefinite by the examiner.[374] The remedy here usually is to relate the property to some other element or to an external standard, such as 'smaller than the _____' or 'having a specific gravity greater than one.' In this area, there is a 'rule of reason,' and such qualifiers as 'resilient,' 'flexible,' etc., are usually accepted without question.").

[忠実訳例]

a bag body configured by, in a state in which a pair of bag-constituting sheets made of a mesh-like synthetic resin are overlapped, thermo-compression bonding perimeter portions of the pair of bag-constituting sheets, the bag body containing therein an infusion material; and

[代替案（リライトクレーム例）]

a body comprising a pair of sheets comprising a meshed material, the pair of sheets being superposed on each other with perimeter portions of the pair of sheets in so close contact with each other that an infusion material is held between the pair of sheets; and

[コメント]

　上記原文の「熱圧着する」について，「熱圧着」はより広く「密着」と表現でき，これをもとに代替案の下線部のように "... in so close contact with each other that ..." とすることが考えられます。ここにおいて，「密着」の程度を，that 以下で「一対の袋構成シートの間に抽出原料を保持できる程度」と定義しています。

　なお，クレームにおいて close contact という表現を使用したことに合わせて，サポート[60]として明細書本文においても同一または類似の表現を記載しておくことが考えられます。例えば，「なお，一対の袋構成シート 7，9 の間に紅茶葉 M を保持できる程度に周縁部 7 a，9 a 同士を密着することができれば，密着方法は熱圧着に限られない」といった意味の以下の英文を close と contact を使用して作成し，この英文を例えば関連部分である【0033】の最終行の次に加えることが考えられます（巻末付録2の【0033】参照）。

Reference throughout this specification to "thermo-compression bonding" is not intended in a limiting sense, but is rather intended to

---

60 C.F.R. §1.75(d)(1). ("The claim or claims must conform to the invention as set forth in the remainder of the specification and the terms and phrases used in the claims must find clear support or antecedent basis in the description so that the meaning of the terms in the claims may be ascertainable by reference to the description."). （下線は筆者による追加）

refer to any means or method that makes the contact between the perimeter portions 7a and 9a close enough to ensure that the black tea leaves M are held between the pair of sheets 7 and 9.

また，［72］で解説しているように，本書では名詞を無冠詞で使う用法は，具体性の観点から，できるだけ避けるようにしています。しかし，どうしても使わざるを得ない場合があります。例えば，... in so close contact with each other that ... の contact がそのような場合に該当します。この場合も，so ... that ... 構文とともに使用することによって具体性を出すように工夫しました。

今回は形容詞が不明確になる可能性について検討してきました。同様のことが副詞にも当てはまり，これについては［76］で解説しています。

特許英語の基本をチェック 8

代名詞とrespectivelyについて

代名詞を極力使用しない

英文明細書において，代名詞は，何を指しているのかが100％明らかな場合を除いて，使用しないことが推奨されます。

例：腕部４と脚部１２は胴体部１７に接続され，またこれらは金属よりなる。

・避けるべき訳例：
The arm 4 and the leg 12 are connected to the body 17, and they are made of metal.

この訳例は, they が arm 4, leg 12, body 17 すべてを指すと誤解される可能性を否定できない英文となっています。

・好ましい訳例1：The arm 4 and the leg 12 are connected to the body 17, and the arm 4 and the leg 12 are made of metal.
・好ましい訳例2：The arm 4 and the leg 12 are connected to the body 17 and (are) made of metal.

　上記2訳例とも，代名詞「これら」に対して they などを使用せずに英訳しています。

respectively を正しく使う

　日本語明細書には，「それぞれ」という表現が頻出します。原文の内容によって respectively を使用して英訳すべき場合と，「それぞれ」を訳出する必要がない場合とがあります。

　・例：A と B は，それぞれ a と b に接続される。
　・訳例：A and B are connected to a and b, respectively.
　・より好ましい訳例：A is connected to a, and B is connected to b.

　最初の訳例では respectively が使用されており，これにより A が a に接続され，B が b に接続されることを示す役割を果たしています。2つ目の訳例では respectively が使用されておらず，代わりに A が a に接続され，B が b に接続されることがはっきりと書かれています。最初の訳例はrespectively の上記役割を読み手が知っていることが前提になっており，そのような前提のない2つ目の訳例の方が好ましいといえます。

　次の例における「それぞれ」は，respectively を使用する必要のない（使用してはいけない）例です。

　・例：A は a に，B は b にそれぞれ接続される。

　この例では，A が a に接続され，B が b に接続されることがはっきりと書かれているため，respectively を使用する余地がありません。訳例としては，上記「より好ましい訳例」と同じとなります。

この Section では，「抽出原料」の訳語（infusion material）をどのようにして調べるかについて，その一案を解説します。

［34］ 時間がない翻訳担当者のための用語の調べ方

【第2日本語文（1）】一対の前記シートは重ね合わされており，一対の前記シートの周縁部同士が密着しており，この密着により抽出原料が一対の前記シートの間に維持されている

【リライトクレーム例における対応部分】…, the pair of sheets being superposed on each other with perimeter portions of the pair of sheets in so close contact with each other that an <u>infusion material</u> is held between the pair of sheets; and

下線部「抽出原料」を infusion material としています。「抽出原料」を直訳調に訳してみると extraction raw material となり，実際に翻訳現場でこのように訳されることがあるようです。これを裏づけるものとして，多くの特許翻訳者が愛用している辞書サイトである weblio には3例掲載されています[61]。

抽出部73は，抽出原料 A1に湯を通して飲料を抽出する。
The extraction part 73 passes hot water through the <u>extraction raw material</u> A1 and extracts a beverage.（下線は筆者による付加）

抽出部73に対して抽出済み原料 A2の排出と抽出原料 A1の供給とを一括してできる飲料抽出装置を提供する。
To provide a beverage extraction apparatus capable of performing the discharge of an extraction raw material A2 and the supply of an <u>extraction raw material</u> A1 to an extraction part 73 altogether.
（下線は筆者による付加）

飲料抽出装置10には，抽出原料の最大受入容量がある。

---

61 "抽出原料". weblio. https://ejje.weblio.jp/content/抽出原料

> A drink extraction device 10 has a maximum receiving capacity
> of the <u>extraction raw material</u>.（下線は筆者による付加）

これらの英文で使用されている extraction raw material は，「抽出原料」の適切な英語表現ではないように思われます。raw material の raw は，"in its natural state; not changed yet, used or made into sth else"[62] という意味のため，raw material は，製品が作られる前の「未加工品」というニュアンスがあります。これに対して，袋体の中の抽出原料（例えば，茶葉）はすでに何らかの加工を経ていると思われるため，raw のもつ not changed yet の意味とは相反すると思われます。

　では，「抽出原料」の適訳をどうやって見つけることができるでしょうか？英語文献を半日程度かけてじっくり読み込めば，近い意味の英語の専門用語を見つけられるかもしれません。しかし，優先期限が迫っているなどの理由で，翻訳担当者はそのような調査に時間をかけられないことがよくあります。調査に時間はかけられない一方，「抽出原料」を extraction raw material とすることには疑問が残る。そんなときは，Google 検索で適訳を探す方法が考えられます。

　試しに，「ティーバッグ」にあたる tea bag，「飲料バッグ」にあたる beverage bag，「抽出」にあたる extract あたりを Google 検索窓に入れてみます。加えてもう1つ，「抽出原料」には material という語が使われていそうだと推測して，material も入れてみます。

　"tea bag" "beverage bag" extract material

ここで留意すべき点が，"tea bag" のように連語はダブルコーテーション・マークで括るということです。括らないと，tea, bag, beverage, bag, extract, material のようにすべてが独立した語として検索されてしまい，精度の高い検索結果が得られないことがあるからです[63]。

　検索した結果，いくつかの米国特許公報がヒットしました。それらをしらみ潰しに読んでいくと，いくつかの特許公報において infusion material という

---

62 "raw". Oxford Advanced Learner's Dictionary of Current English. Oxford University Press, 9th ed., 2015, p.1276.

63 この辺りの詳しいGoogle検索方法については，『翻訳に役立つGoogle活用テクニック』で解説されている。安藤進. 翻訳に役立つGoogle活用テクニック. 丸善, 2003.

表現が使われているのがわかりました。

> Thus, the <u>infusion material</u> is utilized to maximum advantage and the tea bag is extracted from the disc member 11 in a manner whereby it has been substantially squeezed and may be easily handled without excessive dripping. （下線は筆者による付加）
> （http://www.google.com/patents/US2918373）

> Extraction package for <u>infusion materials</u> （下線は筆者による付加）
> （http://www.google.com/patents/US3237550）

infusion は infuse の名詞形で，infuse は "Soak (tea, herbs, etc.) in liquid to extract the flavor or healing properties"[*64]と定義されているように，湯などに茶葉を浸して茶の成分を抽出することをいいます。定義文に extract（抽出）が含まれていることからもわかるように，infuse は extract（抽出）のニュアンスをもっています。したがって，infusion material は「抽出原料」にかなり近く，少なくとも extraction raw material のような直訳かつ理解困難な表現よりも「抽出原料」が何なのかをうまく伝えられていると考えられます。念のために，明細書本文において例えば次のように infusion material を定義することが考えられます（巻末付録2では **[0016]** に記載しています）。

> As used herein, the term "infusion material" is interchangeable with terms such as "extractable material" and "beverage-making material", and is intended to encompass any substance at least a portion of which is extracted into liquid, examples including, but not limited to, black tea leaves, Japanese tea (green tea) leaves, oolong tea leaves, coffee powder, and any other material suitable for consumption.

なお，Google 検索の結果，infusion material 以外に extractable material や beverage-making material といった類語も得られたため，上記定義文でこれら類語についても言及しています。

---

64 "infuse". Lexico.com. https://www.lexico.com/en/definition/infuse

特許英語の基本をチェック 9

関係代名詞①：thatとwhichを使い分ける

　関係代名詞 that と which の使い分けについて見ていきます。アメリカ英語では，that を限定用法として使用し，which を非限定用法として使用することが推奨されています（限定用法と非限定用法については［77］を参照）。

> In polished American prose, *that* is used restrictively to narrow a category or identify a particular item being talked about {any building that is taller than must be outside the state}; *which* is used nonrestrictively — not to narrow a class or identify a particular item but to add something about an item already identified{alongside the officer trotted a toy paddle, which is hardly a typical police dog}.[1]

　米国出願用の英文明細書においては，このルールに従って that と which を使い分けることが推奨されます。

・限定用法の例1：トランジスタは，3つの端子をもつデバイスである。
・上記ルールに従った訳例：A transistor is a device that has three terminals.
・上記ルールに反した訳例：A transistor is a device which has three terminals.

・限定用法の例2：湿度が当該装置に及ぼす影響を分析する。
・上記ルールに従った訳例：analyze the influence that humidity has on the device
・上記ルールに反している訳例：analyze the influence which humidity has on the device

・非限定用法の例：
特許出願は，バージニア州アレクサンドリアにある USPTO に提出し

なければならない。

・上記ルールに従った訳例：A patent application must be filed in the USPTO, which is located in Arlington, Virginia.

このように，which は非限定用法として使用されるため，この場合 which の前には必ずコンマ等が必要となります。例外として，例えば in which のように which の前に前置詞がある場合は，限定用法として使用する（コンマなしで使用する）ことができます。

> *Which* should be used restrictively only when it is preceded by a preposition {the situation in which we find ourselves}. Otherwise, it is almost always preceded by a comma, a parenthesis, or a dash.[※1]

なお，イギリス英語では，上記のような that と which の使い分けは行われていない（つまり，限定用法で which を使用することがある）といわれています。

> In British English, writers and editors seldom observe the distinction between the two words.[※1]

※1: The University of Chicago Press. The Chicago Manual of Style, 16th ed., 2010, p.298.

Section 9 **第2日本語文の英語化〜「袋体」編（6）〜**

この Section では，クレーム 1 において何を構成要素とすべきかについて検討していきます。

[35] inferential claiming がないかチェックする

請求項 1 （原文）には，飲料バッグの構成要素として「袋体」と「吊り片」

が記載されています。なぜ袋体と吊り片が構成要素とわかるかというと，袋体と吊り片がそれぞれ「改行＋インデント」を伴って説明されており，「…袋体と，」「…吊り片と，」のように「と，」で終わっているという形式になっているからです。これが，全体の（クレームの主語が有する）構成要素を列挙するときの一般的な形式です※65。

　米国特許クレームも基本的にこれに従って，構成要素である袋体と吊り片にそれぞれ対応する a body と a string をそれぞれ「改行＋インデント」で導入し，さらに a body … の説明の最後にセミコロン「;」をつけています（厳密には「; and」）。このように，英文クレームでは構成要素同士をセミコロンで区切るのが一般的です（「と，」と「;」が対応しているといえるかもしれません）。

　ただし，米国特許クレームでは構成要素の列挙の際に注意すべきことがあります。それは，日本語で書かれたクレームでは，構成要素かもしれない名詞が，「改行＋インデント」「と，」という構成要素の一般的な記載形式を使わずに記載されている（隠れている）場合があるということです。請求項を英訳して米国特許クレームを作成する際は，原文において「改行＋インデント」「と，」の形式以外の形式で記載されている名詞がないか確認し，そのような名詞があれば，これも構成要素として「改行＋インデント」「;」の形式で訳出すべきかどうか検討する必要があります。構成要素として明確に記載すべきものを明確に記載しないことを inferential claiming※66 といい，不適切な形式と判断される場合があるためです。例えば，次のようなクレームがあるとします。

　装置 A と，
　装置 B と，
　前記装置 A の変位を規制する道具 Z の一端が取り付けられるとともに，前記装置 B に設けられる第 1 取付部と，
　前記道具 Z の他端が取り付けられるとともに，前記第 1 取付部に所定間隔をあけて設けられる第 2 取付部と，

---

65 このような形式のクレームを構成要素列挙型クレームと呼ぶことがある。対して，次の例のように構成要素を列挙しない形式のクレームを書き流し型クレームと呼ぶことがある。
「外箱（1）にスプリング（4）を介して駆動モータ（5）を取り付け，前記駆動モータ（5）の回転軸（6）に脱水かご（11，21，31，41）を固着し，前記脱水かご（11，21，31，41）にバランスリング（13，23，33，43）を取り付けた遠心脱水機脱水かごの首振り防止装置。」
特許明細書の書き方の作成例．山口大学産学公連携センターホームページ．
http://kenkyu.yamaguchi-u.ac.jp/sangaku/?page_id=273．

を備えることを特徴とする装置 X。

装置 X の構成要素として，装置 A，装置 B，第1取付部，第2取付部が「改行＋インデント」「と，」という構成要素の一般的な形式で記載されているため，これらを次のように「改行＋インデント」「;」の形式で訳出すべきことがわかります。

An apparatus X comprising:

a device A;

a device B;

a first attachment which is disposed on the device B and to which one end of a tool Z is attachable to restrict displacement of the device A; and

a second attachment which is disposed at a predetermined distance from the first attachment and to which another end of the tool Z is attachable.

ここで，上述のように，原文において「改行＋インデント」「と，」の形式以外の形式で記載されている名詞がないか探してみると，「道具 Z」がそのような名詞であることがわかります。上記の英訳は，道具 Z が装置 X の構成要素ではないことを前提としており（道具 Z が取り外し可能である可能性も考慮

---

66 Faber, Robert C. "Chapter 3 Apparatus or Machine Claims", " §3:3 Elements of Apparatus Claims". Faber on Mechanics of Patent Claim Drafting, 7th ed., Practising Law Institute, 2017. ("One of the most important technical 'rules' of form in drafting claims is that it is never proper to introduce a new element of the claim in the middle of the clause describing another element, or to describe an operation or action upon or by a new element without its having been introduced. This is sometimes called 'inferential claiming.'[4] Each new element in a product claim and each new step in a method claim should be first introduced either as (a) the subject of its own clause ('a container,' 'a base,' etc., in Claim 1 above), or (b) a previously introduced and named item or a step that comprises it, has it or includes it, that is, its presence is indicated by using a verb that describes the state of being (having, comprising, including, being), as in 'a container [subject] having (comprising, including, being, etc.) [a word suggesting later element is a part of earlier one] a plurality of legs [subjects]' rather than an action verb or a verb indicating something is being done to or with the element, as in 'is connected' in Claim 1 above. Being the subject of its own clause means that it is either stated in the clause that such an element or step is present or the element or step is named at the beginning of the clause and thereafter that element or step, which has been named now for the first time, does something or has something done to it. It is important that a new item mentioned for the first time in the claim not be first mentioned as an element operated upon or cooperated with by a previous element described in the same clause. A clause can have more than one element as a subject, but only as limited above.").

に入れて attachable を使用しました），そのように解釈されやすい書き方をしています。もし，道具 Z も装置 X の構成要素である場合，クレーム全体を次のように書き換えることが考えられます。

An apparatus X comprising:

a device A;

a device B;

a first attachment disposed on the device B;

a second attachment disposed at a predetermined distance from the first attachment; and

a tool Z having one end attachable to the first attachment and another end attachable to the second attachment so as to restrict displacement of the device A.

道具 Z が装置 X の構成要素かどうかは，発明内容をじっくり検討しないと判断できません。また，出願人による特許戦略上の判断により，一見構成要素に見えないものが構成要素とされたり，一見構成要素に見えるものが構成要素ではないとされたりすることもあるため，翻訳担当者が判断できる問題ではなかったりもします。したがって，翻訳担当者が取るべき対処としては，原文に従って「改行＋インデント」「と，」形式の要素を構成要素として「改行＋インデント」「；」形式で訳出し，次のコメント例のように，道具 Z も構成要素とした場合の代替案を提示し，依頼主に判断材料を提供することが考えられます。

コメント例

［原文］

装置 A と，

装置 B と，

前記装置 A の変位を規制する道具 Z の一端が取り付けられるとともに，前記装置 B に設けられる第 1 取付部と，

前記道具 Z の他端が取り付けられるとともに，前記第 1 取付部に所定間隔をあけて設けられる第2取付部と，

を備えることを特徴とする装置 X。

［対応する英文クレーム］
　　An apparatus X comprising:
　　a device A;
　　a device B;
　　a first attachment which is disposed on the device B and to which one end of a tool Z is attachable to restrict displacement of the device A; and
　　a second attachment which is disposed at a predetermined distance from the first attachment and to which another end of the tool Z is attachable

［コメント］
　「道具Z」について，原文の形式通り，道具Zを装置Xの構成要素ではないものとして訳出しました。道具Zを装置Xの構成要素として訳出した場合，下記代替案のようにすることが考えられます。

［代替案］
　　An apparatus X comprising:
　　a device A;
　　a device B;
　　a first attachment disposed on the device B;
　　a second attachment disposed at a predetermined distance from the first attachment; and
　　<u>a tool Z having one end attachable to the first attachment and another end attachable to the second attachment so as to restrict displacement of the device A.</u>

　ここまでの考察を本例に当てはめてみましょう。現在取り組んでいる「袋体」についての原文は次の通りです。

　メッシュ状の合成樹脂からなる一対の袋構成シートを重ね合わせた状態で，一対の前記袋構成シートの周縁部同士を熱圧着することによって構成され，抽出原料を内包した袋体と，

この原文で,「改行＋インデント」「と,」という構成要素の一般的な形式で書かれている名詞は「袋体」です。これに対して,構成要素の一般的な形式以外で書かれている名詞は次の通りです。

・メッシュ状の合成樹脂
・一対の袋構成シート
・周縁部
・抽出原料

　これらのうち,「メッシュ状の合成樹脂」は「一対の袋構成シート」の素材で,「一対の袋構成シート」は袋体の構成要素（または袋体そのもの）といえるため,「メッシュ状の合成樹脂」と「一対の袋構成シート」ともに,クレームの主語である飲料バッグの直接の構成要素ではないと判断できます。また,「周縁部」は一対の袋構成シートの周縁部のため,これも飲料バッグの直接の構成要素ではないと判断できます。
　残るは「抽出原料」です。抽出原料はここで初出であり,「改行＋インデント」「と,」形式では書かれておらず,袋体の説明の途中で「…によって構成され,抽出原料を内包した…」という形で記載されています。したがって,原文では抽出原料は飲料バッグの構成要素として意図されていないと推測されます。
　一般的な市販の飲料バッグ（ティーバッグ）をイメージしてみると,袋体の中には抽出原料（茶葉など）が入っているため,抽出原料も飲料バッグの構成要素として含まれるようにも思えますが,本例ではそうではなく,抽出原料の入っていない飲料バッグを完成品と捉えている可能性があります。例えば,出願人が抽出原料の入っていない飲料バッグだけを工場で作って飲料メーカーに納入するというビジネスをしている場合,抽出原料の入っていない飲料バッグが出願人にとっての完成品となりえます。一方,上述のように,抽出原料も飲料バッグの構成要素にしたいという判断が出願人によりなされる可能性もあるうえ,請求項3では抽出原料が主題となっており（「前記抽出原料は,圧縮固形化されている」）,抽出原料が飲料バッグにとって重要な要素であることがわかります。これを考慮して,下記コメント例のように,抽出原料を飲料バッグの構成要素にした場合の代替案も提示しておくことが考えられます。

［原文］

メッシュ状の合成樹脂からなる一対の袋構成シートを重ね合わせた状態で，一対の前記袋構成シートの周縁部同士を熱圧着することによって構成され，抽出原料を内包した袋体と，

［忠実訳例］

　　a bag body configured by, in a state in which a pair of bag-constituting sheets made of a mesh-like synthetic resin are overlapped, thermo-compression bonding perimeter portions of the pair of bag-constituting sheets, the bag body containing therein an infusion material; and

［代替案］

忠実訳例を修正した例：

　　a bag body configured by, in a state in which a pair of bag-constituting sheets made of a mesh-like synthetic resin are overlapped, thermo-compression bonding perimeter portions of the pair of bag-constituting sheets;

　　an infusion material contained in the bag body; and

リライトクレーム例を修正した例：

　　a body comprising a pair of sheets comprising a meshed material, the pair of sheets being superposed on each other with perimeter portions of the pair of sheets in close contact with each other;

　　an infusion material held between the pair of sheets; and

［コメント］

　「抽出原料」について，原文の形式通り，抽出原料を飲料バッグの構成要素ではないことを示唆する形式で訳出しました。抽出原料を飲料バッグの構成要素として訳出する必要がある場合，上記代替案のようにすることが考えられます。

　このように，米国特許クレームの作成においては，原文中に構成要素として明確にすべき名詞が埋もれていないかチェック・検討する必要があります。

　なお，代替案の an infusion material held between the pair of sheets; and にもあるように，構成要素同士をセミコロン「;」でつなげる際，最後から2番目の構成要素は「; and」にします※67。

特許英語の基本をチェック 10

関係代名詞②：先行詞の性質によってthatを使うかwhichを使うかが変わる

　関係代名詞 that と which の使い分けについて，基本的に that は限定用法として使用し，which は非限定用法として使用します（【特許英語の基本をチェック9】参照）。ただし，次の例のように先行詞の性質によって that を使うか which を使うかが変わることがあります。

　例：クレーム2に従属するクレーム3

　この例文を英訳するにあたり，クレーム同士の従属関係を把握する必要があります。すなわち，仮にクレーム3がクレーム1と2に従属するマルチクレーム（[54] 参照）の場合，英訳は限定用法 that を使用した次のようなものになります。

Claim 3 that depends from claim 2.

　この訳例では, that を使用することにより，クレーム1に従属するクレーム3と，クレーム2に従属するクレーム3という2種類のクレーム3のうち，クレーム2に従属する方のクレーム3に「限定」することを行っています。
　これに対して，クレーム3がクレーム2のみに従属するクレームの場合, 英訳は非限定用法 ", which" を使用した次のようなものになります。

---

67 Rosernberg, Morgan D. Essentials of Patent Claim Drafting, 2019 ed., LexisNexis, 2018, §1.01, p.13. ("Just prior to the final element, the last semicolon is followed by the word 'and.'").

Claim 3, which depends from claim 2.

　この訳例では"，which"を使用することにより，クレーム3はクレーム2にしか従属していないことを示しているため，コンマ以下の文章"，which depends from claim 2"は「当たり前」の情報といえ，特にクレームにおいてはこのような当たり前の情報をあえて記載するのは何らかの意図がある場合のみとすることが推奨されます。

> In many English translations, the reader cannot tell if information is crucial or supplemental because the translator does not distinguish between "that" and "which" and often has not used commas to surround supplemental information.[1]
> 【参考日本語訳】
> 翻訳者が「that」と「which」を区別しておらず，補足的な情報を囲むコンマも使っていない英語翻訳文では，その情報が重要なのか補足なのかをその読み手が判断することができません。

　なお，「～に従属する」は depend from でも depend on でもよく，米国特許実務では前者の方が一般的です。

> depend from の使用例：
> If a dependent claim depends from a dependent claim, then it incorporates everything set forth in the claim from which that claim in turn depends.[2]

※1：ジェームズ・バーロー．"特許出願における英語翻訳文をより良いものにするために"．米国特許翻訳社ホームページ．2019．http://beikokupat.com/barlow/

※2：Faber, Robert C. "Chapter 10 Thoughts on Writing a Claim", "§10:8 Review of Some Basics". Faber on Mechanics of Patent Claim Drafting, 7th ed., Practising Law Institute, 2017.

Section 10　原文の第2日本語化〜「吊り片」編〜

前回の Section で，飲料バッグの構成要素の1つである袋体に対応するリライトクレーム例の作成とその解説が終わりました。今回の Section では，飲料バッグのもう1つの構成要素である「吊り片」について，原文を論理的・特許的に分析して再構築（第2日本語化）していきます。

［36］「吊り片」の原文を分解して論理的・特許的に再構築する

【吊り片に関する原文】一対の前記袋構成シートを繋ぐように一体形成され，メッシュ状の合成樹脂からなり，中央部が折り曲げられた吊り片

【原文を再構築したもの】片であり，前記片は，前記メッシュ状の素材からなり，一対の前記シートに一体形成されており，折り曲げられており，一対の前記シートを繋いでいる

Section 2と Section 3において袋体に関する原文を分解し論理的・特許的に再構築したのと同様に，吊り片に関する原文も分解し，論理的・特許的に再構築していきます。具体的には，「一対の前記袋構成シートを繋ぐように一体形成され，メッシュ状の合成樹脂からなり，中央部が折り曲げられた吊り片」を「，」の部分で区切って分解し，語尾等の修正をすると，次のようになります。

吊り片は
1. 一対の前記袋構成シートを繋ぐように一体形成されている
2. メッシュ状の合成樹脂からなる
3. 中央部が折り曲げられている

以下，これらを順に第2日本語化していきます。

吊り片

まず，1〜3の前に記載されている「吊り片」は，「片」と簡素化できると考えられます。このChapterの冒頭（p.7）のリライトクレーム例にあるように，原文の「吊り片」を string としています（「吊り片」の「片」のみを訳出しています）。これは string のみで読み手に混乱なく意味が通じると判断したためです。つまり，他に string という語を使用した要素がないため，「吊り

片」を他の要素との識別化のために hanging string などと直訳する必要はないと考えました。この訳語 string に合わせて,「吊り片」を「片」とすることとします。以下はこれを提案しているコメント例です。

コメント例

［原文］
吊り片

［忠実訳例］
hanging string

［代替案（リライトクレーム例)］
string

［コメント］
　「吊り片」の「吊り」は訳出しなくても他の構成要素との混乱が生じないと考えられるため，単に「片」として，これをもとに string とすることが考えられます。

1．一対の前記袋構成シートを繋ぐように一体形成されている
　次に，1について,「吊り片」の「吊り」と同様に,「袋構成シート」の「袋構成」は記載しなくても他の要素との混乱が生じないことから，省略して「シート」と簡略化できるため（［11］参照),「1．一対の前記シートを繋ぐように一体形成されている」とします。その上で,1を次のように2つに分割して考えることとします。

1－1．一対の前記シートを繋ぐように
1－2．一体形成されている

　「1－2．一体形成されている」は,「一対の袋構成シートと吊り片を同一の生地から裁断して一体形成する」という本発明の本質の一角を占める重要な限定です（本発明の本質については［12］参照)。これに対して,「1－1．一対の前記シートを繋ぐように」は,1－2の態様（どのように一体形成されてい

92

るか）を描写していると同時に，１－２から導き出せる当然の結果であるように思われます。言い換えると，１－１は，仮に記載しなくても１－２から導き出せると思われます。図３には，一対の袋構成シート９，７と吊り片１１が生地Ｔから一体形成される様子が示されており，この一体形成の時点で吊り片１１が一対の袋構成シート９，７同士を「繋げている」ことが開示されています。つまり，吊り片１１を一対の袋構成シート９，７と一体形成させれば，吊り片１１は自ずと一対の袋構成シート９，７同士を繋げていることになると考えられます。

図３

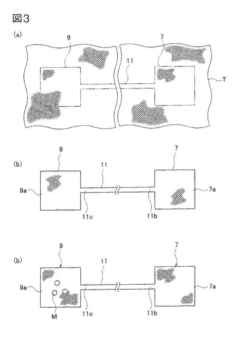

このように，記載しなくても導き出すことができる１－１をここであえて記載しているのは，「一対の前記シートを繋ぐように」という態様を加えることで，吊り片１１が一対の袋構成シート９，７を繋げているという図１のようなイメージを読み手が思い浮かべやすくする，といった理由が考えられます。

図1

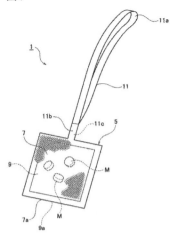

　一般的に，1－1のように，記載しなくても他の限定から導き出せると思われる説明が原文に含まれている場合，この説明について次の3つのうちいずれかの方法で対処することが考えられます。

（A）訳出しない。
（B）非限定の同格を表すコンマ「,」を使って付加的に訳出する。
（C）whereby を使って訳出する。

　これらのうち，リライトクレーム例では B を採用しています。A は，クレームを理解しやすくする説明であっても，発明に必須の限定でないならば，「書けば書くほど狭くなる」（more words narrow）という特許クレームの原則に従って訳出しない，という方針に基づくものです。以下は，米国特許実務に関する実用書である *PATENT PRACTICE* からの関連説明部分の引用です。

> ... the claim writer adding words to a claim thinking that it is merely making the claim more readable or understandable must recognize that those added words may well be interpreted by a subsequent reader as words of additional limitation. In everyday practice, a reasonable rule of thumb is that more words narrow and fewer words broaden.[68]

これに従うと，「1－1．一対の前記シートを繋いでいる」は，「一対の袋構成シートと吊り片を同一の生地から裁断して一体形成する」という本発明の本質に含まれておらず，発明に必須の限定ではないと思われるため，A を採用する，つまり1－1を訳出しないということになります。しかし，リライトクレーム例では，上述の図1の「繋いでいる」イメージを読み手に伝わりやすいようにしたい，と出願人が考える可能性もあることなどを考慮して，B の形式で訳出しています。具体的には，「1－1．一対の袋構成シートを繋ぐように」を「1－1．一対の前記シートを繋いでいる」という表現にした上で，これをコンマ「,」を使って付加的に訳出しています。そして，出願人が1－1の訳出が必要ないと判断した場合の対処法を後述のようにコメントしています（なぜコンマを使うのか，付加的とは何かについては［77］で解説します）。

　なお，C の「whereby を使って訳出する」については，本書は「wherebyを使用しない」という立場をとっており，これについては次の［37］で解説しています。

　以上のように分析した結果，1を1－1と1－2に分割し，重要度の順に1－2→1－1としました。以下，「1－1．一対の前記シートを繋ぐように」を「1－1．一対の前記シートを繋いでいる」とします（「繋ぐように」を「繋いでいる」という，より明確な表現に修正します）。

2．メッシュ状の合成樹脂からなる

　次に，2について第2日本語化していきます。2は，「1－2．一体形成されている」とともに，「一対の袋構成シートと吊り片を同一の生地から裁断して一体形成する」という本発明の本質の一角を占める重要な限定です。つまり，2の「メッシュ状の合成樹脂」は，前段の袋体に関する説明に記載されていた「メッシュ状の合成樹脂からなる一対の袋構成シート」の「メッシュ状の合成樹脂」と同一です。したがって，「2．メッシュ状の合成樹脂からなる」は「2．『前記』メッシュ状の合成樹脂からなる」とすることができます。さらに，［12］で解説しているように，素材が「合成樹脂」であることは上記本質ではないと考えられることから，「合成樹脂」を「素材」と上位概念化して「2．前記メッシュ状の素材からなる」と書き換えます。

---

68 Kayton, Irving. PATENT PRACTICE, Vol.3, 8th ed. Patent Resources Institute, 2004, p.3.11.

3. 中央部が折り曲げられている

　次に3について，「中央部が」を削除して単に「折り曲げられている」とすることとします。リライトクレーム例では，「中央部が折り曲げられている」に対応する部分を the string being folded over としています。fold over（To crease something so that one part of it is positioned on top of another part[69]）という表現を使用することにより，吊り片が中央部付近から半分に折り曲げられているという上記図1のような状態を描写できているため，「中央部が」という折り曲げ箇所を限定する表現を訳出する必要はないと判断しました（fold over については［42］参照）。後掲のコメント例では，fold over という表現を使用することを提案しています。

　また，「1－1. 一対の前記シートを繋いでいる」と同様に，3も「1－2. 一体形成されている」から導き出せる当然の結果であると思われます。前段の袋体に関する説明から，一対の袋構成シートはお互いに重なり合っていることがわかっています。そして，次に吊り片という1本の細長いもの（string: "a thin length"[70]）が一対の袋構成シートに「一体形成されている」という説明が加われば，上記図1に示されるように，吊り片を折り曲げないことには1本の吊り片を一対の袋構成シートの両方に一体形成できないのではないかと考えられます。したがって，3も1－1と同様の対処方法，つまりB「非限定の同格を表すコンマを使って付加的に訳出」しています。

　以上の分析の結果，1－1，1－2，2，3のうち最も重要と思われる限定は1－2と2であり，1－2から導き出せる当然の結果と思われる1－1と3は，1－2と2よりも重要度が低いと判断されます。つまり，重要度による順番としては次のようになります。

吊り片は
1－2. 一対の前記シートに一体形成されている／2. 前記メッシュ状の
　　　素材からなる
1－1. 一対の前記シートを繋いでいる／3. 折り曲げられている

間にあるスラッシュ（／）は，それぞれ両者が重要度において同等であることを示しています。

---

69 "fold over". THE FREE DICTIONARY BY FARLEX, FARLEX, INC. http://idioms.thefree-dictionary.com/fold+over

70 "string". Lexico.com. https://www.lexico.com/en/definition/string

　ここで，便宜上，1－2と2の順番を逆にして，2 → 1－2の順番とすること
とします。

> 2．前記メッシュ状の素材からなる／1－2．一対の前記シートに一体形
> 　成されている

　2は吊り片の素材を説明しているのに対して，前後の1－2，1－1，3は吊り
片の構造的な説明をしているように思われます。つまり，素材の説明2が構造
的説明（1－2，1－1，3）の中にぽつんと存在しているように見えます。言い
換えると，構造的説明である1－2と1－1，3が素材の説明である2によって
離されているように思われます。1－2と2の順番を逆にして2 → 1－2とする
ことにより，この状態が解消され，次の下線部のように構造的な説明が中断な
く続くことになり（1－2 → 1－1 → 3），より理解しやすくなります。

> 吊り片は
> 2．前記メッシュ状の素材からなる／<u>1－2．一対の前記シートに一体形</u>
> 　<u>成されている</u>
> <u>1－1．一対の前記シートを繋いでいる</u>／<u>3．折り曲げられている</u>

　また，このように2 → 1－2の順番としても，吊り片と一対の袋構成シートと
の関係を読み手は十分に理解できると考えられます。すなわち，2が先に説明
されることにより，読み手はまず吊り片が一対の袋構成シートと同一のメッ
シュ状の素材でできていることを知ります。次に，1－2において吊り片が一対
の袋構成シートと一体形成されていることを知り，同一のメッシュ状の素材同
士が一体形成されていることは理解しやすいと思われます。
　さらに，1－1と3の順番も，次のように逆にして3 → 1－1とします。

> 3．折り曲げられている／1－1．一対の前記シートを繋いでいる

　1－1と3は1－2という構造から導き出される限定で，お互いに構造上の因
果関係はなく，1－1と3の記載順はどちらが先でもよいように思われます。
しかし，3 → 1－1の順番とすることにより，3で吊り片が折り曲げられ，次に
1－1で一対の袋構成シートを繋ぐ，という流れ（吊り片を折り曲げることに
よって一対の袋構成シートを繋ぐ，というような流れ）があるように見え，読

み手にとって構造をより理解しやすいと思われるため，3→1−1の順番とすることにします。ただし，上記図3に示されるように，吊り片11と一対の袋構成シート9，7が一体形成された時点で吊り片11が一対の袋構成シート9，7同士を繋げているため，吊り片11を折り曲げることによって一対の袋構成シート9，7同士を繋げているわけではないと考えられます。

　以上の分析の結果，上記1〜3の原文が次のようになりました。

片は，
2. 前記メッシュ状の素材からなる／1−2. 一対の前記シートに一体形成されている
3. 折り曲げられている／1−1. 一対の前記シートを繋いでいる

これらをこの順序に従ってまとめると，次のような再構築文になります。

　片であり，前記片は，前記メッシュ状の素材からなり，一対の前記シートに一体形成されており，折り曲げられており，一対の前記シートを繋いでいる

この再構築文を「第2日本語文（2）」と呼ぶこととします。そして，リライトクレーム例においてこの第2日本語文（2）に対応するのが次の英文です。

　a string comprising the meshed material and integral to the pair of sheets, the string being folded over and connecting the pair of sheets to each other.

この英文の具体的な内容については，Section 11で解説します。
　以下はこれまでに分析・判断した内容を提案しているコメント例です。

コメント例

［原文］
一対の前記袋構成シートを繋ぐように一体形成され，メッシュ状の合成樹脂からなり，中央部が折り曲げられた吊り片と，

［忠実訳例］
a hanging string integral to the pair of bag-constituting sheets such

that the hanging string connects the pair of bag-constituting sheets to each other, the hanging string being made of the mesh-like synthetic resin and folded at a middle portion of the hanging string.

［代替案（リライトクレーム例）］
a string comprising the meshed material and integral to the pair of sheets, the string being folded over and connecting the pair of sheets to each other.

［コメント］
　代替案は，原文を再構築した以下の文章をもとに作成しました。

　　「片であり，前記片は，前記メッシュ状の素材からなり，一対の前記
　　シートに一体形成されており，折り曲げられており，一対の前記シート
　　を繋いでいる」

　代替案において，「一対の前記シートを繋いでいる」は，「一体形成」から導かれる当然の結果と思われるため，訳出する必要のない限定である可能性もありますが，上記英文の後半部分に，非限定のコンマ「,」とともに記載するという形で訳出しました（"the string comprising the meshed material"）。訳出する必要がない場合，該当する限定 "and connecting the pair of sheets to each other" を削除することが考えられます。
　同じく代替案において，「中央部が折り曲げられた」の「中央部が」について，"folded over" という表現を使用することにより，吊り片が中央部付近から半分に折り曲げられている状態を描写できているため，「中央部が」という折り曲げ箇所を限定する表現を訳出する必要はないと判断し，訳出を省略しました。
　さらに代替案において，「中央部が折り曲げられた」は，「一対の前記シートを繋いでいる」と同様に，「一体形成」から導かれる当然の結果と思われるため，同じく非限定のコンマ「,」とともに記載するという形で訳出しました。訳出する必要がない場合，該当する限定 "and being folded at a middle portion of the string" を削除することが考えられます。

なお，忠実訳例において，「中央部が」を at a middle portion of the hanging string としています。これについては［84］で解説しています。

［37］whereby の使用について

［36］で考察した「3. 折り曲げられている」や「1－1. 一対の袋構成シートを繋ぐ」のような，それより前に記載されたことから起こる当然の結果を記載するにあたり，whereby が使用されることがあります。次の文は，3, 1－1を whereby を使って表現した一例です。

…, whereby the string is folded at a middle portion of the string and connects the pair of sheets to each other.

whereby は，"it follows from the foregoing that …"[71] と同等の意味で，whereby の前に記載されている説明から起こる当然の結果などを表すために使用するのが一般的です。したがって，whereby を使用すると，whereby 以下の限定は特許的ウェート（patentable weight）がないものとして解釈される場合があるとされています（以下，*Faber* による解説）。

A whereby clause is proper when it merely describes a function, operation, or result that necessarily follows from the previously recited structure or method.[536] On the other hand, <u>the whereby clause is given no weight if it expresses only a necessary result of the previously described structure or method</u>.[72]（下線は筆者による付加）

【参考日本語訳】

whereby 節の適切な使用法は，whereby 節の前に記載された構造や方法から「必然的に」起きる機能，作用，結果を記載することである。ただし，whereby 節において，前出の構造や方法の必然的な結

---

71 Faber, Robert C. "Chapter 3 Apparatus or Machine Claims", "§3:26 'Whereby' Clauses". Faber on Mechanics of Patent Claim Drafting, 7th ed., Practising Law Institute, 2017. ("… equate 'whereby' with 'it follows from the foregoing that … .'").

72 Faber, Robert C. "Chapter 3 Apparatus or Machine Claims", "§3:26 'Whereby' Clauses". Faber on Mechanics of Patent Claim Drafting, 7th ed., Practising Law Institute, 2017.

果のみを記載した場合，特許的ウェートのないものになる。

ただし，whereby に本当に特許的ウェート（限定効果 limiting effect ともいう）があるかどうかは個別具体的な判断が行われるとされており，実際に，M.P.E.P. §2111.04(I) には whereby に特許的ウェートがあると判断された例が紹介されています。

> In *Hoffer v. Microsoft Corp.*, 405 F.3d 1326, 1329, 74 USPQ2d 1481, 1483 (Fed. Cir. 2005), the court held that when a "'whereby' clause states a condition that is material to patentability, it cannot be ignored in order to change the substance of the invention."[73]

このように，whereby の特許的ウェートは個別具体的に判断されるものの，whereby 以下の説明を特許的ウェートがないとみなされる可能性も否定できないことから，そのような表現を自ら進んで使用することはないと考え，本書は whereby を使用しない立場をとっています。したがって，上述のように，3，1－1を whereby で導入するという選択肢（…, whereby the string is folded at a middle portion of the string and connects the pair of sheets to each other.）は採用していません。なお，whereby の類似表現である thereby も，使用法によっては whereby と同様の扱いを受ける可能性があるという意見があります[74]。

---

73 [R-08.2017].（2017年8月に改定された版のM.P.E.P.であることを示す）

74 Faber, Robert C. "Chapter 3 Apparatus or Machine Claims", "§3:26 'Whereby' Clauses". Faber on Mechanics of Patent Claim Drafting, 7th ed., Practising Law Institute, 2017. ("Words other than 'whereby' may be used for the same purpose, such as 'thereby.'" "For example, in *Foremost in Packaging Systems, Inc. v. Cold Chain Technologies, Inc.*,[546] the relevant claim language was: 'the insulated block being adapted to slidably engage the coolant cavity, thereby the coolant and the insulated block together substantially filling the coolant cavity.' Of course, 'thereby' here is equivalent to 'whereby.' The court construed this element that 'the coolant and the insulated block together substantially fill the coolant cavity.' Thus, what followed 'thereby' was not merely the result of the previously recited structure; it was a necessary part of that structure. But because the usefulness of 'whereby' clauses as structural has been doubted, avoid them for claiming a new structure or method limitation.").

関係代名詞③：文脈によっては関係代名詞を使わない方がよいことがある

今回は，【特許英語の基本をチェック】の9，10で見てきた関係代名詞の用法を踏まえて，以下の日本語例文を英訳してみます。

　装置Ａは，内部エラーを検出するセンサ１０を備える。

この例文において，「内部エラーを検出するセンサ１０」には少なくとも２つの解釈の可能性が考えられるため，それぞれの可能性をもとにした英訳を行ってきます。

　１つ目の可能性として，装置Ａのほかに例えば「装置Ａ'」という類似の装置が存在し，この装置Ａ'が備えるセンサ１０が内部エラー以外の何かを検出するようになっている，という可能性が考えられます。この場合，上記例文は，内部エラーを検出するセンサ１０と，内部エラー以外を検出するセンサ１０という２種類のセンサ１０のうち，内部エラーを検出する方のセンサ１０に「限定」することを行っています。したがって，この場合の英訳は，限定用法 that を使用して次のようにすることが考えられます。

The device A includes a sensor 10 that detects an internal error.

　２つ目の可能性として，「装置Ａ'のセンサ１０」というものは存在せず，装置Ａのセンサ１０は内部エラーしか検出しない（内部エラー以外を検出するセンサ１０など存在しない），という可能性が考えられます。この場合，上記例文は，非限定用法 ", which" を使用して次のようにすることが考えられます。

The device A includes a sensor 10, which detects an internal error.

　ここで，非限定用法 ", which" は，補足的な情報やすでに述べられた情報を導入する際に使用するのが一般的な用法であるため，上記英訳が登

場する箇所において「センサ１０は内部エラーを検出する」という情報が新しい情報である場合，次の英訳例の方がより適切であると思われます。

The device A includes a sensor 10. The sensor 10 detects an internal error.

このように，一見，関係代名詞を使って表現してしまいそうな原文であっても，技術内容に照らし合わせてみるといずれの関係代名詞の用法ともそぐわない場合があります。このような場合，上記のように「短文」化するなどして原文の意図を最大限に汲み取る工夫が必要です。

Section 11 　第2日本語文の英語化〜「吊り片」編〜

前回の Section では，飲料バッグのもう1つの構成要素である吊り片について，次のようなリライトクレーム例を作成しました。

a string comprising the meshed material and integral to the pair of sheets, the string being folded over and connecting the pair of sheets to each other.

今回の Section では，この英文の具体的な内容を解説していきます。

［38］原文に「前記」を補足する

comprising the meshed material は，第2日本語文（2）の「前記メッシュ状の合成樹脂からなり」に対応しています。この the によって，meshed material が前段の袋体に関する説明に記載されていた a body comprising a pair of sheets comprising a meshed material, の meshed material と同一のものであることを示しています。本発明の肝は，一対の袋構成シートと吊り片を同一の生地から裁断して一体形成することです。したがって，原文の「メッシュ状の合成樹脂からなり」には「前記」が記載されていませんが，第2日本語文（2）では「前記メッシュ状の素材からなり」と「前記」を補足して，これをもとに the meshed material としました。以下は，このように判

断・対応したことをコメントした例です。

[原文]

一対の前記袋構成シートを繋ぐように一体形成され，メッシュ状の合成樹脂からなり，中央部が折り曲げられた吊り片と，

[忠実訳例]

a hanging string integral to the pair of bag-constituting sheets such that the hanging string connects the pair of bag-constituting sheets to each other, the hanging string being made of the mesh-like synthetic resin and folded at a middle portion of the hanging string.

[代替案（リライトクレーム例）]

a string comprising the meshed material and integral to the pair of sheets, the string being folded over and connecting the pair of sheets to each other.

[コメント]

　原文の「メッシュ状の合成樹脂」について，「メッシュ状の合成樹脂」は前段の一対の袋構成シートの説明に記載の「メッシュ状の合成樹脂」と同一のものと解釈して，原文を「前記メッシュ状の合成樹脂」と読み替え，これをもとに the mesh-like synthetic resin としました（代替案では「前記メッシュ状の素材」をもとに the meshed material としました）。
　図3や【0023】【0030】【0036】等において，吊り片と一対の袋構成シートが同じ1つ（1種類）のメッシュ状の合成樹脂からなることが示唆されていることから，このように判断しました。

[39] 構成要素に複数の限定句がつく場合は意味が明確になるように工夫する

【第2日本語文（2）】片であり，前記片は，前記メッシュ状の素材からなり，一対の前記シートに一体形成されており，折り曲げられており，一対の前記シートを繋いでいる

【リライトクレーム例における対応部分】a string comprising the meshed material <u>and integral to the pair of sheets</u>, the string being folded over and connecting the pair of sheets to each other.

下線部は先頭の a string から続いています（a string を修飾しています）。つまり，次のように comprising と integral が string を修飾しています。

a string
-comprising the meshed material
-integral to the pair of sheets, ...

クレームにおいて構成要素の説明をする際，and integral to the pair of sheets の例のように「and 形容詞」の形になっている場合，形容詞の前に being をつけることも可能です。つまり and being integral to the pair of sheets, ... とすることも可能です。being integral とすることにより，integral が a string を修飾していることがより明確になります。今回 being をつけていないのは，string とそれを修飾する integral との物理的距離がそれほど長くなく（つまり comprising で始まる限定句がそれほど長くなく），integral が string を修飾していることが比較的容易にわかると判断したからです。comprising で始まる限定句が非常に長く，それに続く integral が何を修飾しているのかわかりにくい場合は and being integral to the pair of sheets, ... としたり，さらにわかりやすく the string もつけて ..., the string being integral to the pair of sheets, ... とすることも可能です。このように工夫することで，integral が string を修飾していることを読み手が100％理解できるようにします。

---

［40］辞書に載っているコロケーションを使う

【第2日本語文（2）】片であり，前記片は，前記メッシュ状の素材からなり，一対の前記シートに<u>一体形成</u>されており，折り曲げられており，一対の前記シートを繋いでいる

【リライトクレーム例における対応部分】a string comprising the meshed material and <u>integral to</u> the pair of sheets, the string being folded over and connecting the pair of sheets to each other.

下線部の「に一体形成され」を integral to としています。integral を with と組み合わせる例（integral with）も見られますが，integral to が辞書に載っており裏付けのとれる組み合わせ（コロケーション）のため，integral to を採用しました（例：systematic training should be integral to library management[75]）。このように，本書は，慣習的に使われているだけで出どころのわからないコロケーションよりも，辞書という納得しやすい情報源に載っているコロケーションを優先するという立場をとっています。

　なお，辞書の定義だけでは伝えきれない技術内容がある場合は，明細書本文において定義文を記載することが考えられます。例として，第2日本語文（2）の「一体形成」を見てみます。「一体形成」の「一体」は，「1つになって分けられない関係にあること[76]」と広辞苑に定義されており，対訳の integral は *Oxford Advanced Learner's Dictionary*（以下，「OALD」）において "being an essential part of sth[77]" のように広辞苑と同様の定義がなされています。両者の定義から判断して，「一体」と integral は両方とも，図3に開示されているような，1枚の生地を裁断することによってできる一対のシートとこれらをつなぐ吊り片との一体関係を厳密には描写していないと思われます。すなわち，例えば，一対のシートにこれらとは別体の吊り片を何らかの処理や加工によって結合させても，一対のシートと吊り片は「1つになって分けられない関係にある」ととらえることが可能です。例えば，「integral とはどういった状態か？」ということが後々問題になる可能性を考慮して，図3に開示されているような integral の状態を次のように言語化し，明細書本文に記載しておくことが考えられます（巻末付録2の **[0016]** に記載しています）。

　As used herein, the phrase "integral to the pair of sheets" is used to describe a state of connection between the string and the pair of sheets implemented by cutting a same single meshed material into the pair of sheets and the string connecting the pair of sheets to each other.

　このように，明細書本文において用語を独自に定義することを lexicography（辞書編纂）と呼び，独自定義が通常の意味とは異なっていたとしても，ク

75　"integral". Lexico.com. https://www.lexico.com/en/definition/integral

76　"一体". 広辞苑. 新村出編. 第7版, 岩波書店, 2018, p.185.

77　"integral". Oxford Advanced Learner's Dictionary of Current English. Oxford University Press, 9th ed., 2015, p.817.

レーム解釈において独自定義の方が優先的に参照されます[78]。

---

［41］to connect か and connecting か

【第2日本語文（2）】片であり，前記片は，前記メッシュ状の素材からなり，一対の前記シートに一体形成されており，折り曲げられており，一対の前記シートを繋いでいる

【リライトクレーム例における対応部分】a string comprising the meshed material and integral to the pair of sheets, the string being folded over and connecting the pair of sheets to each other.

　訳文中の下線部は，the string を主語，being と connecting を動詞（動名詞）とした独立分詞構文（［26］参照）となっています。より具体的には，この独立分詞構文は，the string に関する2つの説明である being folded over と connecting the pair of sheets to each other が and を境にして並んでいるような構造になっています。

　このような並列的な記載に対して，…, the string being folded over to connect the pair of sheets to each other のように，目的や結果を表す to 不定詞を使用した to connect という表現を採用することも考えられます。この場合，「片が折り曲げられた結果，片が一対の前記シートを繋いでいる」ことを示唆しています。本案件では，［36］で解説しているように，being folded over と connecting the pair of sheets to each other には因果関係がないと考えられるため，to 不定詞形（being … to connect）ではなく，上述のように並列的な記載（being … and connecting …）としています。［36］で原文の内容を論理的に分析した結果，このような並列的な記載となりました。

---

78 Faber, Robert C. "Chapter 3 Apparatus or Machine Claims", "§3:8 Plain Meaning of Claim Terms". Faber on Mechanics of Patent Claim Drafting, 7th ed., Practising Law Institute, 2017. ("There are two exceptions to an ordinary meaning and they should apply to a broadest reasonable construction: when a patentee provides a specific definition for a claim term in the specification and when a patentee specifically disavows the full scope of the prosecution of the application—briefly, lexicography or disavowal."); M.P.E.P. §2111.01(IV) [R-08.2017].

【第2日本語文（2）】折り曲げられており

【リライトクレーム例における対応部分】the string being folded over

　次に，第2日本語文（2）の「折り曲げられており」に対応する the string being folded over について見ていきます。原文（第2日本語化する前の日本語文）は，「中央部が折り曲げられ」となっていますが，第2日本語文（2）では「中央部が」を削除して「折り曲げられており」とし，これをもとに the string being folded over としています。これは，［36］で解説しているように，fold over という表現を使用することにより，吊り片が中央部付近から半分に折り曲げられているという状態を描写できているため，「中央部が」という折り曲げ箇所を限定する表現を訳出する必要はないと判断したためです。

　fold over は，fold という動詞と，over という副詞を組み合わせた熟語です。fold は，"to bend sth, especially paper or cloth, so that one part lines on top of another part"[79] と定義されています。これからわかるように，fold 単独の意味は，吊り片の「一部分」を折り曲げて吊り片の「他の部分」に重ねることと解釈でき，必ずしも吊り片（11）が図1に示されるようにほぼ真っ二つに折り曲げられているとは限らないと思われます。そこで，物に覆い被さるようなニュアンスをもつ over（so as to cover sb/sth completely[80]）を fold に組み合わせることで，図1に示されるほぼ真っ二つの折り曲げをより明確に表現できると考え，fold over としました。このように，fold は副詞や前置詞などを組み合わせて「折り曲げの態様」を明確にすることがよく行われています（例：First, fold the paper in half/in two.[79]）。

---

79 "fold". Oxford Advanced Learner's Dictionary of Current English. Oxford University Press, 9th ed., 2015, p.605.

80 "over". Oxford Advanced Learner's Dictionary of Current English. Oxford University Press, 9th ed., 2015, p.1096.

図1

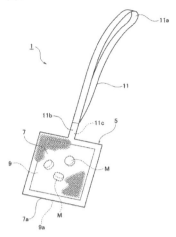

　次の例はある写真の内容を説明している文章です。この文章では, folded に over が組み合わされており, これにより読み手は folded のみの場合よりも写真の内容をより鮮明に思い浮かべることができると思われます。

This is a photograph of a book with two pages folded over to create the shape of a love heart.[81]

© Alamy Ltd.

---

81 "This is a photograph of a book with two pages folded over to create the shape of a love heart". 169,519,937 stock photos, vectors and videos. Alamy Ltd. https://www.alamy.com/this-is-a-photograph-of-a-book-with-two-pages-folded-over-to-create-the-shape-of-a-love-heart-image178314453.html

… and connecting the pair of sheets to each other.

　この英文はリライトクレーム例の1の最後の部分にあたり，文章の最後を表すものとしてピリオドがついています。すべてのクレームの最後には必ずピリオドをつけます（Each claim begins with a capital letter and ends with a period.[82]）。

　原文の最終行「を備えたことを特徴とする飲料バッグ」は，英文クレームの冒頭 A beverage bag comprising: に対応しています。このように，英文クレームでは，原文の一番最後にあるもの（飲料バッグ）を冒頭に配置して，文章全体の主語とします（A beverage bag comprising:）。クレームの主語を最後に配置する日本語と冒頭に配置する英語。両者の構造的違いを端的に表している例です。

特許英語の基本をチェック 12

図面に関する英文①：whenを不用意に使わない

　特許明細書には，分野によっては図面について説明した文章（どのような図面かを説明した文章）が頻出します。今回は，そのような文章を英訳する際の注意点について見ていきます。例えば，次のような日本語原文があるとします。

　図1は，キャップ式筆記具のキャップ装着時の構成を示す側面図である。

　この原文において，キャップ式筆記具とは，例えばキャップ付きのボールペンなどを示しており，このようなボールペンは，使用されるときはキャップが取り外され，使用されていないときはキャップが装着されます。
　上記原文を直訳調に英訳してみた例が次の英文です。

---

82 M.P.E.P. §608.01(m) [R-08.2017]; Rosernberg, Morgan D. Essentials of Patent Claim Drafting, 2019 ed., LexisNexis, 2018, §1.01, p.13. ("The final element pseudo-paragraph ends with a period, thus ending the claim.").

FIG. 1 is a side view illustrating a configuration of a capped writing instrument when a cap is mounted.

　この訳例には種々の問題があると筆者は考えています。まず，原文の意図を英文の読み手に伝える上での最も大きな問題と思われるのが，when a cap is mounted です。この表現は，原文の「キャップ装着時の」をそのまま英訳したものですが，キャップの装着先が筆記具であることが原文に明示されていないため，when a cap is mounted もキャップの装着先が明示されていない不明瞭な英文となっています。日本語では，技術内容からキャップの装着先が筆記具であることを読み手が判断してくれると思われますが，特許英語では読み手側の想像力に依存した英文を書くことは避けるべきです。上記装着先に関する点を明確にして英文を書き直すと，例えば次のようになります。

FIG. 1 is a side view illustrating a configuration of a capped writing instrument when a cap is mounted on the capped writing instrument.

　最初の英文をこのように修正してみましたが，この英文にも不明瞭な点が残っています。それは，when a cap is mounted の when です。when は configuration を修飾することが書き手の意図ですが，実際には illustrating を修飾すると解釈される可能性があります。illustrating は原文の「示す」に対応しているため，これが when a cap is mounted に修飾されるということは，「キャップ装着時に，キャップ式筆記具の構成を示す」（逆にいえば，キャップ非装着時には，キャップ式筆記具の構成を示さない）という理解し難い意味になり，読み手を混乱させる可能性があります。このような事態を避けるため，when を使用せずに，例えば次のようにすることが考えられます。

FIG. 1 is a side view illustrating a configuration of a capped writing instrument with its cap on.

この英文では，with its cap on という表現により，筆記具にキャップが装着された状態が示されており，上記 when にまつわる問題が解消されて

います。

　ただし，上記英文はスタイルの面で改善の余地があると思われます。view は，「モノ」をある方向から眺めたときの様子を表すため[※1]，「view of モノ」という形式で使用するのが一般的です（例：an aerial view of the military earthworks[※1]）。また，「構成」を表す configuration は，図面は一般的にモノの構成を示すものであることから省略可能であると思われます。これらの点を考慮して書き直したものが次の英文です。

　FIG. 1 is a side view of a capped writing instrument with its cap on.

　本例の日本語原文「図1は，〜を示す側面図である。」の「側面図」ように，日本語明細書では「何の側面図か」が明示されていないことがあるため，英訳にあたり実際に図面を見て何の側面図かを確認する必要があります。上記訳例は，図1を見てキャップ式筆記具の側面図が描かれていることを確認した上での訳例であるとします。

※1："view". Lexico.com, https://www.lexico.com/en/definition/view

Chapter 3
従属クレーム〜モノクレーム編〜

【請求項2】

　前記吊り片は，ループ状に構成されていることを特徴とする請求項1に記載の飲料バッグ。

【請求項3】

　前記抽出原料は，圧縮固形化されていることを特徴とする請求項1または請求項2に記載の飲料バッグ。

　　2.　The beverage bag according to claim 1, wherein the string has a looped shape.

　　3.　The beverage bag according to claim 1, wherein the infusion material comprises a compressed solid.

　　3.　The beverage bag according to <u>claim 1 or 2</u>, wherein the infusion material is a compressed solid.

　Chapter 2で，モノに関する独立項である請求項1をもとにしたリライトクレーム例の作成が終わりました。Chapter 3から，従属クレームである請求項2と請求項3をもとにした英文クレームを作成していきます。なお，Chapter 3では，Chapter 2のように英訳を忠実訳例とリライトクレーム例に分ける必要はない（分けたとしても構成要素の名称以外に両者に大差はない）と思われるため，このような区別はしないこととします。例外として，マルチクレームである請求項3の英訳を忠実訳例とリライトクレーム例に分けています（Section 2参照）。

Section 1　従属クレームの形式

　この Section では，請求項2をもとにした英文クレームを作成していきます。

［44］従属クレームは The で始める

　請求項 2 は，請求項 1 に従属する従属クレームです。クレーム 1 の出だし
は，A beverage bag ... でした。これに従属するクレーム 2 では，冒頭を The
にして The beverage bag ... としています。これは，既出の名詞には定冠詞
the をつけるという英語のルールに従っており，また，以下の *Essentials* によ
る説明のように，従属クレームは The で始めるという実務に倣ったものです。

> ... the dependent claim begins with 'The' and that the dependency
> on a particular claim number is made clear.[1]（下線は筆者による付加）

これに対して，従属クレームも，その従属先である独立クレームと同様，不定
冠詞で始める実務も見られます。

> A machine according to claims 3 or 4, further comprising ...[2]
> A shaker as claimed in claim 1, wherein ...[3]

本書は従属クレームを The で始めるという立場をとっており，上述のように
The beverage bag ... としました。

［45］従属クレームのプリアンブル

【原文】前記吊り片は，ループ状に構成されていることを特徴とする請求項
　　　　1 に記載の飲料バッグ。
【訳文】The beverage bag according to claim 1, wherein the string has
　　　　a looped shape.

　クレーム 2 のプリアンブルである The beverage bag according to claim
1, の according to claim 1 は，原文の「請求項 1 に記載の」に対応していま

1　Rosernberg, Morgan D. Essentials of Patent Claim Drafting, 2019 ed., LexisNexis,
　2018, §1.03, p.24.

2　M.P.E.P. §608.01(n). [R-07.2015]. (2015年7月に改定された版のM.P.E.P.であることを示す)

3　Faber, Robert C. "Chapter 2 Claim Forms and Formats in General", "§2:9 Dependent
　Claims". Faber on Mechanics of Patent Claim Drafting, 7th ed., Practising Law Insti-
　tute, 2017.

す。according to の部分を recited in や set forth, of などにしている例も見
られます。これらのうちどれを使用するかは好みの問題であり[4]，本書では，
日本の出願人にとって最も一般的な表現の1つである according to を使用し
ています。

　訳文では claim をすべて小文字にしています。Claim 1のように最初だけ
大文字にしている例も見られ，最初を大文字にするかすべて小文字にするかは
好みの問題と思われます。本書ではすべて小文字にしています。

　また，claim 1のように，「claim ＋数字」は無冠詞にするのが一般的です
（つまり，冠詞を伴って a claim 1や the claim 1のようにしない）。これに対
して，英文明細書のクレーム以外の部分において claim が数字なしで使われ
ることがあります。この場合，a claim, the claim, claims, the claims のよ
うに通常の名詞と同じように扱うのが一般的です（下記例参照）。

> While the invention has been described with respect to particular
> embodiments, the invention is not limited thereto, but is rather is
> limited only by the scope of <u>the appended claims</u>. （下線は筆者による
> 付加）
> US6854084B2 (https://patents.google.com/patent/US6854084)

　なお，オフィスアクション（庁通知）への応答書などにおいて，文頭でなく
ても Claim 1のように最初だけ大文字にしている実務家もいれば，すべて小
文字 claim 1にしている実務家もいます（もちろん文頭では最初を大文字にし
ます）。また，「審査官」の Examiner はオフィスアクションに対する応答書
などにおいて最初を大文字にするのが一般的です。この表記は審査官に敬意を
示したものであり，USPTO に対しては「礼節をもって」（with decorum and
courtesy）対応することが37 C.F.R. §1.3[5]に規定されていることから行わ
れている慣例と考えられます。

　これに対して，「オフィスアクション」は，the Office Action とする表記と
the Office action とする表記があり，実務家によって表記が別れています。

4　Kayton, Irving. PATENT PRACTICE, Vol.3, 8th ed. Patent Resources Institute, 2004,
　p.3.6. ("The phase 'recited in' serves the purpose of incorporating the independent
　claim, but there are other expressions that may be used that are equally legally effec-
　tive. For example, other common terms are, 'according to,' 'as defined in,' 'as required
　in,' or 'the device (or process) of claim __.' The selection of which of the preceding
　phrases to use is simply a matter of personal preference.").

両方とも，USPTO（United States Patent and Trademark Office）を表す Office の最初を大文字にする点で一致しており，Action にするか action にするかで異なっています。この違いも，好みの問題と思われます。

[46] wherein 節の用法

プリアンブルのあとは，The beverage bag according to claim 1, wherein ... のように，従属クレームではクレーム番号の後をコンマで区切り，wherein を続けるのが一般的です（後述のように，wherein の代わりに further comprising を続ける場合もあり）。wherein は，既出の構成要素をさらに限定する（下位概念に限定する）説明を節の形式で記載するためのもので，従属クレームでも独立クレーム（後述）でも使用されます。既出の構成要素を下位概念に限定することを内的限定（internal limitation）[*6] とも呼び，wherein は内的限定を導入する際に最も一般的に使用されます（後述の外的限定も参照）。本例では，string というクレーム 1 ですでに説明された（既出の）構成要素を，wherein the string has a looped shape のようにして wherein を使ってさらに限定しています。string が既出のため，定冠詞 the を伴って the string としています。wherein の後は the string has ... のように必ず節（主語＋動詞）になります。

[47] wherein 節が 1 つのときと複数のときの形式の違い

クレーム 2 では wherein 節を 1 つだけ使用していますが，次のような場合に wherein 節を複数使用することがあります。すなわち，原文において，内容の異なる複数の文章（限定）がそれぞれ改行されることによって区別されていることがあり，この区別に対応するために，改行された段落ごとに wherein で文章を始めるため，結果として wherein 節が複数存在することに

---

5 ("Applicants and their attorneys or agents are required to conduct their business with the United States Patent and Trademark Office with decorum and courtesy. Papers presented in violation of this requirement will be submitted to the Director and will not be entered. A notice of the non-entry of the paper will be provided. Complaints against examiners and other employees must be made in correspondence separate from other papers."). 同様に，USPTO 宛ての文章において respectfully が多用されるのも 37 C.F.R. §1.3 に基づいた実務と考えられる（例：this rejection is respectfully traversed.）。

6 木梨貞男. 米国特許クレーム入門. 財団法人発明協会, 2007, p.56.

なります。例えば，請求項2が次のように改行によって区別された2つの限定からなるとします。

【請求項2】
前記吊り片は，ループ状に構成されており，
前記抽出原料は，圧縮固形化されている
ことを特徴とする請求項1に記載の飲料バッグ。

このような場合，対応する英文クレームにおいても，次のように改行によってお互いの限定を区別し，それぞれの限定を wherein で始める手法があります。

　2.　The beverage bag according to claim 1,
　wherein the string has a looped shape, and
　wherein the infusion material comprises a compressed solid.

wherein の前には半角スペースをいくつか（4つ程度）設けて見た目よくしています。これは，クレーム1で構成要素の前に半角スペースを4つ設けていたのと同じ作業です。また，この例のように複数の wherein を記載するときは，それぞれの wherein 節の最後にコンマ「,」を入れ，最後から2番目の wherein 節の最後は「, and」にします。クレーム1では，「comprising:」の後に構成要素を列挙するときにそれぞれの構成要素の最後にセミコロン「;」を加えていましたが，wherein の場合はコンマにしています。構成要素の列挙にはセミコロンを使い（前に「comprising:」がある場合），wherein 節の列挙にはコンマを使う実務は，wherein 節の列挙にセミコロンが使われていると違和感を抱く読み手がいるためといわれ，本書もこの実務に倣っています。
　wherein 節が複数ある場合は wherein 節ごとに改行しますが，本例のように wherein 節が1つのときは改行せず，The beverage bag according to claim 1, ... の "..." の部分に wherein を続けています。
　なお，次の例のように，節による限定事項（例：「構成要素Aは～である」「構成要素Aは～する」）を複数記載する場合であっても，wherein 節を1つだけしか使用しない実務もあります（本書では採用していません）。

　例1：
　　2.　The beverage bag according to claim 1,

wherein the string has a looped shape, and
the infusion material comprises a compressed solid.

例2：

2.　The beverage bag according to claim 1, wherein
the string has a looped shape, and
the infusion material comprises a compressed solid.

［48］further comprising ... の用法

　従属クレームにおいて，wherein の代わりに further comprising を使用する場合もあります。これは，クレームの主語である beverage bag がさらに別の構成要素をもっていることを説明する場合です。このような場合，原文では，「A をさらに備えていることを特徴とする請求項 1 に記載の飲料バッグ。」のように記載されています。このように，従属クレームにおいて，従属先のクレームには記載されていなかった構成要素を新たに追加することを「外的限定」（external limitation）とも呼び[※6]，further comprising は外的限定を導入する際に最も一般的に使用されます。例えば，

The beverage bag according to claim 1, further comprising A.
のように，further comprising を用いて新たな構成要素「A」を導入する外的限定を行います。また，「A, B, C, D をさらに備えていることを特徴とする請求項 1 に記載の飲料バッグ。」のように，新たに追加する構成要素が複数ある場合は，comprising の後ろにコロンをつけ，クレーム 1 の形式のように構成要素ごとに「セミコロン＋改行」にします。

The beverage bag according to claim 1, further comprising:
A;
B;
C; and
D.

［49］wherein に限定効果はあるか？

　クレーム 2 で wherein を使用したように，従属クレームにおいては wherein

を使用するのが一般的ですが，wherein は独立クレームにおいても広く使われています。M.P.E.P. §2111.04[※7]には，wherein は whereby（［37］参照）と同じく，限定効果のないものとして解釈される可能性があると記載されており，限定効果をもたせたい事項に対して wherein を使用する際はこの記載に留意すべきという意見があるようです。しかし，同じく M.P.E.P. §2111.04において，wherein に限定効果があるかどうかはケース・バイ・ケースであると記載されており，実際に限定効果があると判断された裁判例も紹介されています。このことから，wherein には限定効果がある場合とそうでない場合とがあることがわかります。一般的には，wherein には限定効果があると考えられており[※8]，実際に，wherein は使いやすいこともあって，独立クレームにおいても広く使用されています。

---

［50］独立クレームにおいて wherein を使わずに表現する方法

上述のように，wherein は独立クレームにおいても広く使用されますが，一方で，独立クレームにおいて wherein を極力使用しないという実務もあります。以下は，wherein 節を使用しない，標準的な構成要素列挙型のクレーム例です。

    1.　Apparatus for doing something, comprising:

    an elongated element X;

    a truncated element Y; and

    means disposed between said elements X and Y for slidably

---

7　[R-08.2017]. (2017年8月に改定された版のM.P.E.P.であることを示す)("Claim scope is not limited by claim language that suggests or makes optional but does not require steps to be performed, or by claim language that does not limit a claim to a particular structure. However, examples of claim language, although not exhaustive, that may raise a question as to the limiting effect of the language in a claim are:
(A) 'adapted to' or 'adapted for' clauses;　(B) 'wherein' clauses; and　(C) 'whereby' clauses.
The determination of whether each of these clauses is a limitation in a claim depends on the specific facts of the case. See, e.g., *Griffin v. Bertina*, 283 F.3d 1029, 1034, 62 USPQ2d 1431 (Fed. Cir. 2002) (finding that a 'wherein' clause limited a process claim where the clause gave 'meaning and purpose to the manipulative steps').").

8　木梨貞男. 米国特許クレーム入門. 財団法人発明協会, 2007, p.40. (Wherein節はクレームの限定事項とみなされます。日本の「〜において…を特徴とする」は，そのまま訳すと「characterized in that …」ですが，それ以前の部分（〜においての「〜」の部分）は先行技術として認めたものとみなされますので，それを避けるため，通常はwherein節にします)

coupling said element X to said element Y. [9]

この形式について具体的に見ていきます。

　独立クレームにおいて，原文の wherein 節に対応する部分は，多くが最終段落の周辺に記載されています。例えば，次のような独立請求項があるとします。

　　A を所定位置まで運ぶ X と，
　　X を制御する Y と
　　を備えたシステムにおいて，
　　Y は，前記所定位置周辺の障害物を検出する検出部を備える
　　ことを特徴とするシステム。

ここで，一般的に wherein 節を使って訳出されるのが，最後から2行目の「Y は，前記所定位置周辺の障害物を検出する検出部を備える」です。ここでは，上段で説明された構成要素 Y についてさらに詳しい説明が加えられています。この独立請求項を wherein 節を使って訳してみると，例えば次のようになります。

　　A system comprising:
　　X configured to carry A to a predetermined position; and
　　Y configured to control X,
　　wherein Y comprises a detector configured to detect an obstacle
　　around the predetermined position.

このクレームにおいて，wherein 節を使用したくない場合，次のようにすることが考えられます。上のクレームでは，最終段落とその前の段落が同じ Y についての説明になっているため，このことを利用して，以下のクレームではこの2段落を組み合わせて1文にすることによって wherein 節をなくしています。

　　A system comprising:
　　X configured to carry A to a predetermined position; and

9　Kayton, Irving. PATENT PRACTICE, Vol.3, 8th ed. Patent Resources Institute, 2004, p.2.30.

　　　Y configured to control X and comprising a detector configured
to detect an obstacle around the predetermined position.

つまり，wherein 節の主語になっているものは，上段ですでに説明された構成
要素であることが多いため，その上段の部分に wherein 以下の説明をうまく
つなぎ合わせます。具体的には，
　　wherein Y comprises a detector configured to detect an obstacle
　　around the predetermined position
の wherein を削除し，comprises を comprising に修正して
　　Y comprising a detector configured to detect an obstacle around the
　　predetermined position
とします。そして，これを前段の Y configured to control X, の直後に移動
させて Y を削除し，Y configured to control X, の最後のコンマを削除して
　　Y configured to control X and comprising a detector configured to
　　detect an obstacle around the predetermined position
とします。こうすることにより，Y が configured to と comprising で修飾さ
れている一文ができあがりました。
　　この手法は，クレームを wherein 節を使わずに表現するための基本的な手
法です。ここでは非常にシンプルな例を使用していますが，この作業はクレー
ム構成が複雑になればなるほど難しくなり，技術内容を十分に理解した上での
想像力や英語力などを駆使した熟練の技が求められることがあります。

---

[51]「構成されている」を訳出するとわかりにくさを誘発することがある

【原文】前記吊り片は，ループ状に構成されていることを特徴とする請求項
　　　　1 に記載の飲料バッグ。
【訳文】The beverage bag according to claim 1, wherein the string has
　　　　a looped shape.

次に，wherein 以下の the string has a looped shape は，原文の「前記吊
り片は，ループ状に構成されている」に対応しています。「構成されている」
は訳出しておらず，「前記吊り片は，ループ状の形状をもっている」というよ
うなニュアンスの訳文にしました。「構成されている」は訳出する必要がない
場合（または別の表現で代用した方がいい場合）が多く，むしろ訳出すると意

味がわかりにくくなることがあります。試しに，「前記吊り片は，ループ状に構成されている」をそのまま直訳してみると，the string is configured in a loop-like shape のようになるかもしれません。「構成されている」を configured と訳し，これに合わせて in ... shape という表現を使ってみましたが，in は複数の解釈が可能なため，この場合，吊り片自体がループ形状なのか，それとも吊り片がループ形状の「中で」何かの構成をされているのか，わかりにくくなっています。このように，「構成されている」を訳出すると，「わかりにくさ」を誘発することがあるため，訳出には注意が必要です。

[52] have は内的要素・特徴に対して使う

【原文】前記吊り片は，ループ状に構成されている
【再構築文】前記吊り片は，ループ状の形状をもっている
【訳文】the string has a looped shape

原文「前記吊り片は，ループ状に構成されている」を「前記吊り片は，ループ状の形状をもっている」という日本語に再構築し，これをもとに the string has a looped shape という英文を作成しました。ここで，「もっている」を表す動詞として has を使用しています。[20] で解説しているように，「表面」「端部」「重量」「長さ」などの内的要素や内的特徴に対しては，comprise ではなく have を使うのが一般的です。内的要素・内的特徴のその他の例としては，surface, length, width, weight, direction, center などが挙げられます。

[53] 「～状」を「形容詞＋ shape」にする

次に，the string has a looped shape において，原文および再構築文の「ループ状」を a looped shape として，直前の has の目的語となるように名詞化しました。[23] で解説しているように，「～状」を -like で表現すると不明確な印象となる可能性があるため，例えば loop-like などにはしないようにしています。その代わりに，loop を looped ("formed into or having a loop or loops"[10]) と形容詞化し，その後に原文にはない shape（形状）を加えています。「ループ状」の「状」は「形状」と言い換えることができると思われ

---

10 "looped". The new American Heritage Dictionary of the English Language. Houghton Mifflin Harcourt. https://www.ahdictionary.com/word/search.html?q=looped

るため，shape を補足できると判断しました。このように，-like を避ける方法
として，「〜状」を「形容詞＋ shape」の形にする手法があります。

特許英語の基本をチェック 13

図面に関する英文②：view ofと illustratingを組み合わせる

　今回は，前回の続きとして，図面の説明に関する，前回より複雑な原文
を英訳する際に便利な表現パターンをご紹介します。

　例えば，次のような日本語原文があるとします。

　図2は，キャップ式筆記具のキャップ装着時におけるキャップのシール
部材とペン先の密着状態を示す断面図である。

　キャップ式筆記具にキャップを装着することにより，筆記具のペン先を
キャップ内のシール部材に当接させ，ペン先の乾燥を防ぐことが行われて
います。これを踏まえて，上記原文は，シール部材とペン先の密着度を従
来よりも高めることを目的とした発明に関する原文であることとします。

　前回の原文において図1が「何の側面図か」が明示されていなかったの
と同様に，上記原文では図2が「何の断面図」が明示されていません。し
たがって，英訳にあたり，まず図2には何の断面図が描かれているのかを
確認する必要があります。ここでは，図2の断面図はキャップ式筆記具の
断面図であることを確認したとします。

　本例の原文のように，「〜を示す断面図である」の「〜」部分が比較的
長いという事態は日本語明細書において多く見られます。このような場合
の英訳パターンとして，まず，「何の断面図か」を明示しておき，これに
続けて illustrating を使用して上記「〜」部分を説明するというものがあ
ります。このパターンを使用して上記原文を英訳した例が次の英文です。

　FIG. 2 is a sectional view of the capped writing instrument with its
cap on illustrating how close the contact is between a sealant of
the cap and the nib of the capped writing instrument.

この訳例において，最初の下線部 a sectional view of the capped writing instrument においてキャップ式筆記具の断面図であることを明示し，2つ目の下線部 illustrating を使用して上記「〜」部分，つまり「キャップのシール部材とペン先の密着状態」に対応する英文を導入しています（「キャップ装着時における」は with its cap on で表現されています）。

なお，illustrating は sectional view を修飾しており，illustrating 前の説明が非常に長くなると sectional view と illustrating の間の距離が大きくなり，両者の修飾関係が読み手にとってわかりにくくなることがあります。この場合は，illustrating の代わりに , the sectional view illustrating として illustrating の動作主を明確にすることが考えられます。

このように，「図2は，〜を示す断面図である」といった日本語パターンに対して，view of と illustrating を組み合わせて英訳することにより，「〜」部分が非常に長い場合であってもすっきりと読みやすい英文にできることがあります。

Section 2　マルチクレーム，「動き」のニュアンスを排除した表現

前回の Section で，従属クレームである請求項2に対応する英文クレームの解説が終わりました。今回の Section では，同じく従属クレームである請求項3に対応する英文クレームを作成します。

［54］マルチクレームに関連する追加料金は2種類ある

請求項3は，請求項1または請求項2に従属する，いわゆるマルチクレーム（多項従属クレーム，multiple dependent claim）になっています。マルチクレームとは，複数のクレームに択一形式（「または」「〜のいずれか1つ」「乃至」などの形式）で従属しているクレームのことをいい，35 U.S.C. §112(e)（以下，「§112(e)」）に規定されています。

§112(e) Reference in Multiple Dependent Form.
A claim in multiple dependent form shall contain a reference, in the alternative only, to more than one claim previously set forth

and then specify a further limitation of the subject matter claimed. A multiple dependent claim shall not serve as a basis for any other multiple dependent claim. A multiple dependent claim shall be construed to incorporate by reference all the limitations of the particular claim in relation to which it is being considered.

日本特許庁や欧州特許庁への出願用クレームではマルチクレームが多用されていますが，USPTOへの出願用クレームでは，以下に説明する追加料金を避けることを主な目的として，マルチクレームは敬遠される傾向にあります。

　USPTOは，マルチクレームを含んだ出願に対して800USドルを超える追加料金を課しています（出願人の会社規模によって異なる。また頻繁に変更される。37 C.F.R. §1.16(j)）。つまり，上記の基礎出願請求項（日本特許庁への出願用請求項）をUSPTOへの出願用クレームでもマルチクレームにして（The beverage bag according to claim 1 or 2, …），これをUSPTOに提出すると，800USドルを超える費用が余分にかかります。さらに，料金の計算上，マルチクレームは，従属先のクレーム数と同じ数だけ存在するとみなされるため（37 C.F.R. §1.75(c)），場合によっては超過クレーム料金が別途必要になることがあります。

　　37 C.F.R. §1.75(c)
　　For fee calculation purposes under §1.16, a multiple dependent claim will be considered to be that number of claims to which direct reference is made therein.

　例えば，The beverage bag according to <u>claim 1 or 2</u>, … というマルチクレームは2つのクレーム（クレーム1，2）に従属しています。この場合，このマルチクレームは（1）クレーム1に従属するクレーム，と（2）クレーム2に従属するクレーム，の計2つ存在するとみなされます。The beverage bag according to any one of <u>claims 1 to 6</u>, … のようなマルチクレームになると，計6つ存在するとみなされることになります。USPTOに基本料金内で提出できるクレームの数は20が上限とされており，20を超えたクレームごとに100USドルを超える追加料金が課せられます（出願人の会社規模によって異なる。また頻繁に変更される。37 C.F.R. §1.16(i)）。たとえ全体のクレーム数が20以下であっても，マルチクレームを使用することにより料金の計算

上のクレーム数が20を超えることがあり，20を超えた分は1クレームごとに追加料金が課せられます。この場合，上記のマルチクレームを含むことにより課せられる追加料金も加わり，二重の追加料金が課せられることになります。このように，マルチクレームを使用することにより，2種類の追加料金が課せられる可能性があります（一方（§1.16(j)）は確実に課せられ，他方（§1.16(i)）は場合による）。

[55] マルチ性を解消したクレームを作成する

The beverage bag according to claim 1 or 2, ... の claim 1 or 2, のように，マルチクレームの要素が含まれていることを multiple dependency（マルチ性）といい，マルチ性があることによる上記の追加料金を避けるために，米国特許クレームでは，マルチ性を解消して single dependent claim（1つのクレームのみに従属するクレーム）を作成するのが一般的です。具体的には，マルチクレームの従属先である複数のクレームのうち，数字が一番若いクレームのみに従属するクレームとして作成します。米国式に訳した英文クレーム例（以下，「リライトクレーム例」）では，「請求項1または請求項2」のうち数字が一番若い請求項1のみに従属させたクレーム The beverage bag according to claim 1, ... を作成して，マルチ性を解消することを提案しています（後述のコメント例参照）。

このようにマルチ性を解消した結果，「請求項1または請求項2」のうちの請求項2が切り捨てられた状態になっています（詳細は後述）。すべてのクレームにおいてマルチ性を解消したあと，全体のクレーム数が20を下回っている場合，切り捨てられている請求項2に従属するクレームを作成して追加することも一般的な実務として行われています（全体のクレーム数が20以下であればクレームを追加しても基本料金は変わらないため）。以下，これについて詳しく見ていきます。

まず，クレーム3 "The beverage bag according to claim 1, wherein the infusion material comprises a compressed solid." の according to claim 1は，クレーム3の中にクレーム1の内容がすべて含まれているということを示しています（35 U.S.C. §112(d)）。

35 U.S.C. §112(d) Reference in Dependent Forms.

Subject to subsection (e), a claim in dependent form shall contain a reference to a claim previously set forth and then specify a further limitation of the subject matter claimed. <u>A claim in dependent form shall be construed to incorporate by reference all the limitations of the claim to which it refers.</u>（下線は筆者による付加）

つまり，クレーム 3 は次のように書き換えることができます。

クレーム 3 − 1 ：
（1）　A beverage bag comprising:
（1）　a body comprising a pair of sheets comprising a meshed material, the pair of sheets being superposed on each other with perimeter portions of the pair of sheets in so close contact with each other that an infusion material is held between the pair of sheets; and
（1）　a string comprising the meshed material and integral to the pair of sheets, the string being folded over and connecting the pair of sheets to each other,
（3）　wherein the infusion material comprises a compressed solid.

これをクレーム 3 − 1 とします。クレーム 3 − 1 において，番号（1）がクレーム 1 の内容，（3）がクレーム 3 の内容を示しています。このクレーム 3 − 1 は独立クレームのような形式になっていますが（A beverage bag comprising:），実際に，審査で独立クレーム 1 が許可されず，独立クレーム 1 に従属クレーム 3 の内容を加えた独立クレームにすれば許可してもよい，といった指摘を審査官から受けることがよくあるため，クレーム 3 − 1 のようなクレームを作成する作業は実務で頻繁に行われています。
　現在切り捨て状態になっている，クレーム 3 のクレーム 2 への従属クレームは，次のようなクレームです。

クレーム 3 − 2 ：
3.　The beverage bag according to claim 2, wherein the infusion material comprises a compressed solid.

これをクレーム 3 − 2 とします。これを，クレーム 3 − 1 と同じように，クレーム 3 にクレーム 2 の内容がすべて含まれていることを詳細にしたかたちに書き

換えると次のようになります。

クレーム３−２'：
(2)　The beverage bag according to claim 1,
(2)　wherein the string has a looped shape, and
(3)　wherein the infusion material comprises a compressed solid.

これをクレーム３−2' とします。このクレーム３−2' において，番号（2）がクレーム２の内容，（3）がクレーム３の内容を示しています。さらに，クレーム２はクレーム１に従属している（クレーム１の内容をすべて含んでいる）ため，クレーム３−2' にクレーム１の内容を加えて詳細に書き換えると，次のようになります。

クレーム３−2"：
(1)　A beverage bag comprising:
(1)　a body comprising a pair of sheets comprising a meshed material, the pair of sheets being superposed on each other with perimeter portions of the pair of sheets in so close contact with each other that an infusion material is held between the pair of sheets; and
(1)　a string comprising the meshed material and integral to the pair of sheets, the string being folded over and connecting the pair of sheets to each other,
(2)　wherein the string has a looped shape, and
(3)　wherein the infusion material comprises a compressed solid.

これをクレーム３−2" とします。これが，クレーム３がクレーム２に従属している状態を最も詳細に表したものです。クレーム３−2" からわかるように，クレーム１の内容にクレーム２とクレーム３の内容が加えられています（クレーム１＋２＋３）。現在，「クレーム１＋３」の組み合わせであるクレーム３−１のみがクレームされており，クレーム３−2" の内容である「クレーム１＋２＋３」の組み合わせ（つまりクレーム３−２）が切り捨てられてクレームされていない状態になっています。「クレーム１＋２＋３」の組み合わせが特許的に重要かどうかは置いておいて，この組み合わせがクレームされていないということは，この組み合わせは特許による保護を受けることができないということ

になります。できる限り多くの組み合わせをクレームしておけば，例えば特許
訴訟でクレーム1が無効になった場合に，いずれかの組み合わせが生き残り，
生き残ったクレームが先行技術や相手方製品に対して有効とされる可能性があ
ります[11]。このような可能性を考慮して，現在切り捨てられているクレーム3
－2"（つまりクレーム3－2）の内容のクレームを下記のように別途設けるこ
とが考えられます。

クレーム3－2（内容はクレーム3－2'，クレーム3－2"と同じ）：
The beverage bag according to claim 2, wherein the infusion material
comprises a compressed solid.

これは，上記クレーム3 "The beverage bag according to claim 1, wherein
the infusion material comprises a compressed solid." の claim 1を claim
2に代えただけで，その他の部分はまったく同じです。このクレームを，例え
ば全体のクレームの最後に配置するという実務が行われています[12]。つまり，
原文（日本出願明細書）では請求項の数が5のため，その次の6としてクレー
ム3－2の内容を記載することが考えられます。

---

11 木梨貞男. 米国特許クレーム入門. 財団法人発明協会, 2007, p.62-63; Kayton, Irving. PAT-
ENT PRACTICE, Vol.3, 8th ed. Patent Resources Institute, 2004, p.3.5. ("In depen-
dent claims such as the one above, there are certain matters of form to be considered
and observed. Thus, in the preamble of dependent claim 2, the preamble of indepen-
dent claim 1 is repeated and the phrase 'as recited in claim 1' is added. *This language
serves to incorporate into dependent claim 2 all of the elements and limitations laid out
and claimed in independent claim 1. A dependent claim can never be validly used to elimi-
nate an element or anything else from the claim from which is depends.* **By definition,
therefore, a proper dependent claim is, and must be, narrower than the claim
from which it depends.** This is of some significance, because even though claim 1
may at some time in the future be considered invalid, the validity of dependent claim
2 is not affected because it includes an additional element (the fourth vertical support
member), which, in combination with all the limitations of claim 1, may render depen-
dent claim 2 valid over the prior art.").

12 Faber, Robert C. "Chapter 2 Claim Forms and Formats in General", "§2:3 Numbering
and Order". Faber on Mechanics of Patent Claim Drafting, 7th ed., Practising Law In-
stitute, 2017. ("A claim number is not reused. If a claim is canceled, its claim number
is not reused in that patent application. Added claims receive the next number in se-
quence after the last claim. Claims are not renumbered during application prosecution,
except in a continuing application; some claims from a parent application, especially
later added claims, may be renumbered in the continuing application. (At conclusion
of prosecution, the claims are renumbered by the Patent Office for the patent to be
printed.)"). （下線は筆者による追加）

6.　The beverage bag according to claim 2, wherein the infusion material comprises a compressed solid.

以下は，請求項3のマルチ性を解消することを提案しているコメント例です。

コメント例

［原文］
【請求項3】
　前記抽出原料は，圧縮固形化されていることを特徴とする請求項1または請求項2に記載の飲料バッグ。

［忠実訳例］
　3.　The beverage bag according to claim 1 or 2, wherein the infusion material is a compressed solid.

［代替案（リライトクレーム例）］
　3.　The beverage bag according to claim 1, wherein the infusion material comprises a compressed solid.

［コメント］
　多項従属「請求項1または請求項2」について，マルチクレームによる追加費用（37 C.F.R. §1.16(j)）を避けるために，請求項1のみに従属するクレームとすることが考えられます。併せて，請求項2に従属する分をクレーム6として追加することが考えられます。
　6.　The beverage bag according to claim 2, wherein the infusion material comprises a compressed solid.

　このようなコメントと併せて，次のようなクレーム従属対応表を作成することが考えられます。こうすることで，英文クレーム作成段階でどのクレームが追加され，追加されたクレームがどのクレームに従属しているかなどが自分以外の関係者にもわかりやすいようにすることができます。

クレームの対応表		
クレーム番号	従属先	内容
1	独立クレームにつき，従属先なし	-
2	1	-
3	1	-
4	独立クレームにつき，従属先なし	-
5	4	-
6	2	クレーム3に対応

［56］限定の数が多いほど保護範囲は狭くなる

　ここまで考察してきたマルチ性からは少々離れますが，クレーム3−1とクレーム3−2″を例にとって，特許業界で頻繁に使用される表現である「(特許による保護範囲が)広い，狭い」の考え方を確認しておきたいと思います。

　クレーム3−1は，クレーム1と3の内容を含んでおり，クレーム3−2″は，クレーム1，2，3の内容を含んでいます。つまり，クレーム3−2″は，クレーム3−1と比較したときにクレーム2の内容(つまり限定)を余分に含んでおり，その分クレーム3−1よりも特許による保護範囲が狭いといえます。それぞれのクレームに含まれる限定を下記のように並べて比べてみると，クレーム3−2″の方がクレーム2を含んでいる分紙面に占める物理的な範囲は「広い」ですが，特許による保護範囲の観点から見ると，クレーム2を含んでいる分「狭い」となります。このように，一般的に限定の数が多いほど特許による保護範囲は狭くなるといえます[13]。

　クレーム3−1：

(1)　A beverage bag comprising:

(1)　a body comprising a pair of sheets comprising a meshed material, the pair of sheets being superposed on each other with perimeter portions of the pair of sheets in so close contact with each other that an infusion material is held between the pair of sheets; and

---

13 Kayton, Irving. PATENT PRACTICE, Vol.3, 8th ed. Patent Resources Institute, 2004, p.3.11. ("more words narrow and fewer words broaden")

(1)　a string comprising the meshed material and integral to the pair of sheets, the string being folded over and connecting the pair of sheets to each other,

(3)　wherein the infusion material comprises a compressed solid.

クレーム3－2"：

(1)　A beverage bag comprising:

(1)　a body comprising a pair of sheets comprising a meshed material, the pair

of sheets being superposed on each other with perimeter portions of the pair of sheets in so close contact with each other that an infusion material is held between the pair of sheets; and

(1)　a string comprising the meshed material and integral to the pair of sheets, the string being folded over and connecting the pair of sheets to each other,

(2)　wherein the string has a looped shape, and

(3)　wherein the infusion material comprises a compressed solid.

（クレーム3－2"は(2)の分だけ面積が「広い」が，保護範囲は「狭い」。）

---

［57］マルチ性を解消する際の注意点

　上記のように基礎出願請求項のマルチ性を解消する際，注意すべき点があります。それは，ある従属クレームがマルチクレームに従属している場合，この従属クレームと同じ内容のクレームを複数作成する必要があるという点です。例えば，マルチクレームである【請求項3】（前記抽出原料は，圧縮固形化されていることを特徴とする<u>請求項1または請求項2</u>に記載の飲料バッグ。）に従属する次のような請求項7があるとします。

　【請求項7】　～を特徴とする請求項3に記載の飲料バッグ。

　これを英文クレームにすると，次のようになります。

　　7.　The beverage bag according to claim 3, ...

　ここで，［55］のp.130において，クレーム3とまったく同じ内容のクレーム6を追加することについて解説しました（6. The beverage bag according to claim 2, wherein the infusion material comprises a compressed solid.）。つまり，クレーム6は実質的にクレーム3といえます。したがって，次のようにクレーム7と同一の内容のクレームを作成し，これをクレーム6に従属するクレーム8として追加する必要があります。

　　8.　The beverage bag according to claim 6, ...（内容はクレーム7と同じ）

　これらの注意点を含めた，基礎出願請求項のマルチ性を解消する手順をまとめると，次の（1）～（4）のようになります。

（1）基礎出願請求項にマルチクレームが含まれているかどうかチェックする（マルチ性を示す択一形式（「または」「～のいずれか1つ」「乃至」などの形式）の請求項があるかチェックする）。

（2）基礎出願請求項にマルチクレームが存在する場合，マルチクレームの複数の従属先のうち，一番若い番号のクレームのみに従属するsingle dependent claim にすることでマルチ性を解消する。

（3）（2）で作成したsingle dependent claim と同じ内容で，上記一番若い番号のクレーム以外の従属先クレームに従属するクレームを作成し，作成したクレームを最後のクレームの次に配置する。

（4）（1）で存在を確認したマルチクレームに従属しているクレームがないかチェックする。このような従属クレームがある場合，このクレームの内容で，（2）（3）で作成したクレームにそれぞれ従属するクレームを作成し，（3）で作成したクレームの次に配置する。

　（1）～（4）のような要領で基礎出願請求項のマルチ性を解消し，上述のように全体のクレーム数が20以下になるように留意しつつクレームを追加していきます（もちろん，必要であれば追加料金（§1.16(i)）を支払って全体のクレーム数が20を超えてもクレームを追加することができます）。

［58］「動き」のニュアンスを排除した表現を検討する

　次に，クレーム3の具体的な英語内容について見ていきます。

【原文】前記抽出原料は，圧縮固形化されていることを特徴とする請求項1
　　または請求項2に記載の飲料バッグ。
【リライトクレーム例】The beverage bag according to claim 1, wherein
　　the infusion material comprises a compressed solid.

　クレーム3のプリアンブルである The beverage bag according to claim 1,
の後に wherein を配置しています。wherein は，従属クレームにおいて内的
限定（ここでは "the infusion material comprises a compressed solid"）
を導入するために広く使用されています（[46] 参照）。
　原文「前記抽出原料は，圧縮固形化されている」は，抽出原料の状態を限定
しており，「前記抽出原料は，圧縮固形化されている状態である」ことが示唆
されています。さらには，「前記抽出原料は，圧縮された固形である」と突き
詰めた第2日本語にすることもできます。リライトクレーム例はこの第2日本
語がもとになっています。以下，このように対応した経緯を見ていきます。
　次の2つの英文は，原文「前記抽出原料は，圧縮固形化されている」を直訳
した例です。

　（1）the infusion material is compressed and solidified
　（2）the infusion material is compressed in solid form

　（1）（2）とも，原文の意図を汲んだ上記第2日本語に対応する英文としては
適切でないと思われます。なぜなら，英文中の compressed と solidified が，
「圧縮されている」「固形化されている」という「状態」を示す表現なのか，そ
れとも「圧縮される」「固形化される」という「動き」を示す表現なのかが不
明確だからです。前者の「状態」の場合，抽出原料はすでに圧縮されて固形化
された状態になっています。原文はこれを意図しています。（1）（2）が問題
なのは，後者の「動き」のニュアンスも出てくることです。「動き」の場合，
抽出原料はまだ圧縮も固形化もされておらず，これから圧縮化，固形化という
動き（作業）が抽出原料に対して起こることが示唆されている印象を読み手に
与えます。しかし，本例はそのような動きを伴う文脈ではなく，動きのないも
のの「状態」を表現すべき文脈です。原文の「状態」という意図を汲み，「動
き」のニュアンスを極力排除したのが，上記訳文 the infusion material
comprises a compressed solid です。

特許英語の基本をチェック 14

「短文」化のためのアイデア①：「〜しているため」をsinceを使わずに訳す

　日本語明細書は，1つの文章が非常に長いことで知られています。そして，これを英訳した文章も非常に長くなることが多く，審査官にとって日英翻訳は読みにくいという印象を与えています。以下は，米国特許庁の元審査官がこの問題について記した文章です。

> Translators and writers are both guilty of using long sentences. When I see long sentences in a translation, I suspect that the original Japanese text employed long sentences. There is no reason that the English translator cannot use short sentences in the translation. Long sentences are difficult for translators to understand. Long sentences formed by the translator are difficult for the patent examiner and others to understand.[1]

【参考日本語訳】
翻訳者及び日本語明細書作成者は，長文を用いないでいただきたい。翻訳文中の長文は，日本語で書かれた原文がそもそも長いと考えられます。しかし，英語翻訳者が短文を用いてはならないという理由はありません。日本語明細書作成者によって書かれた長文は，翻訳者にとって理解しづらいものです。同様に，翻訳者によって書かれた長文は，特許の審査官や他の関係者にとっても理解しづらいものです。

　ここで提案されているように，日本語原文が長いからといって，英訳も長文にしなければならないという理由はないと思われるため，日本語の一文が長い場合，この一文を複数の短い英文に分けて英訳する，いわゆる「短文」化することが推奨されます。具体的にどのように「短文」化すべきかについて，今回と次回の2回にわたり見ていきます。
　今回は，英訳が長くなる原因と思われる日本語表現の1つである「〜しているため，…することができる」という表現を「短文」化して英訳する方法について考えます。一般的に，「〜しているため」（ほかにも「〜であ

るため」など）の訳として since（または because）が使用されます。そして，日本語明細書では「〜しているため」の「〜」の部分が非常に長くなることがあり，これに伴って英訳である since 以降の文章も長くなることがあります。例として，「〜しているため，上記問題を解決することができる」という日本語原文において，「〜」の部分が非常に長い場合を考えます。これを since を使用して英訳すると，次のように長文かつバランスの悪い英文となります。

Since ....
....
...., the above-described problem
can be solved.

このような長文にしないための「短文」化方法として，「〜しているため，…することができる」を，「〜している」「これにより，…することができる」の2文に分け，それぞれ英訳して2つの英文とすることが考えられます。これにより，since を使用することによる「長文」化を避けることができます。より具体的な例として，次の日本語原文を英訳してみます。

本実施形態では，1つの電源によりAユニットとBユニットの両方に電圧を印加するため，ユニットごとに電源を設ける必要がない。

以下は，この原文を上記の要領で2文に分け，この2文を英訳して2つの英文にするという「短文」化を行った例です。

本実施形態では，1つの電源によりAユニットとBユニットの両方に電圧を印加する。これにより，ユニットごとに専用の電源を設ける必要がなくなる。

In this embodiment, a single power source is used to apply voltage both to the unit A and the unit B. This configuration eliminates the need for providing a power source dedicated to the unit A and a power source dedicated to the unit B.

この英訳では，「これにより，」を This configuration と表現していま す。configuration は「構成」と訳されることが多い英単語で，直前で説明した構成を This configuration で受け，その構成による効果を説明するという表現パターンがあります。

　例：
This configuration eliminates or minimizes the generation of torque by the inertial mass during surface translation when the user accelerates the device and changes its direction using the control portion of the axle.
(https://patents.google.com/patent/US4775147)

This configuration of the lift structure 200 eliminates the need for the independent positioning means of the lift mechanism 72 found on a typical front-load container truck 70, greatly simplifying the overall design of the device 10 and minimizing the expense of manufacture and maintenance.
(https://patents.google.com/patent/US7883310B2/en)

　このように，configuration は「短文」化を行う際に短文同士を関係づけるための便利な英単語です。なお，configuration を使用する代わりに，直前の文章をパラフレーズすることにより「短文」化を行う方法もあります。これについては次回見ていきます。

※1：ジェームズ・バーロー．"特許出願における英語翻訳文をより良いものにするために"．米国特許翻訳社ホームページ．2019. http://beikokupat.com/barlow/

Chapter 4
製造方法に関する独立クレーム

原文請求項

【請求項4】

　カップ内に飲料を抽出する際に用いられる飲料バッグを製造するための製造方法において，　　　　　　　　　　　　　　　　（→ Section 1）

　メッシュ状の合成樹脂からなる生地を裁断して，一対の袋構成シート及び一対の前記袋構成シートを繋ぐ吊り片を一体形成する第1の工程と，

（→ Section 2, 3, 4）

　前記第1の工程の終了後に，一方の前記袋構成シートの内側面に抽出原料をセットする第2の工程と，　　　　　　　　　　　（→ Section 5）

　前記第2の工程の終了後に，前記吊り片の中央部を折り曲げて，一対の前記袋構成シートを重ね合わせる第3の工程と，　　　（→ Section 6）

　前記第3の工程の終了後に，一対の前記袋構成シートの周縁部同士を熱圧着して，前記抽出原料を内包した袋体を形成する第4の工程と，

（→ Section 7）

　を備えたことを特徴とする飲料バッグの製造方法。

忠実訳例

4.　A method for producing a beverage bag used when a beverage is made in a cup by infusion, the method comprising:

a first step of cutting a material made of a mesh-like synthetic resin to integrally form a pair of bag-constituting sheets and a hanging string connecting the pair of bag-constituting sheets to each other;

after the first step, a second step of setting an infusion material onto an inner surface of one of the pair of bag-constituting sheets;

after the second step, a third step of folding the hanging string at a middle portion of the hanging string to superpose the pair of bag-constituting sheets onto each other; and

after the third step, a fourth step of thermo-compression bonding perimeter portions of the pair of bag-constituting sheets to each other to form a bag body containing therein the infusion material.

リライトクレーム例

4.　A method for producing a beverage bag, the method comprising:

cutting a meshed material into a pair of sheets and a string integral to the pair of sheets, with the string connecting the pair of sheets to each other;

putting an infusion material onto an inner surface of one sheet of the pair of sheets;

folding the string over to superpose the pair of sheets onto each other; and

bringing perimeter portions of the pair of sheets into close contact with each other to keep the infusion material held between the pair of sheets, so as to form a body comprising the infusion material in the body.

　Chapter 3 で, モノクレームである請求項 1 ～ 3 に対応するリライトクレーム例の解説が終わりました。Chapter 4 では, 方法に関する独立項である請求項 4 に対応するリライトクレーム例を見ていきます。独立クレーム 1 に関する Chapter 2 と同様に, Chapter 4 も読者が上記のような忠実訳ができることを前提とし, 上記リライトクレーム例を作成する過程を中心に解説していきます。なお, 独立クレーム 1 (Chapter 2) と共通する事項についての解説 (例えば, プリアンブルを短くすることや, 構成要素の名称に関するルールなど) は, Chapter 4 では適宜省略することとします。

Section 1　方法クレームのプリアンブルと移行部

[59]「飲料バッグの製造方法」のカテゴリを確認する

　まず, 請求項 1 の場合と同様に, 請求項 4 の主題である「飲料バッグの製造方法」が §101([4] 参照) に規定される 4 カテゴリ (process, machine, manufacture, composition of matter) のうちいずれに該当するかを確認します。請求項 4 は, これらのうち process(方法) に該当すると考えられます。その理由は, 請求項 4 にはいくつかの工程 (steps) がクレームされてお

り，これが M.P.E.P. §2106.03(I)[※1]に定義されている process に合致すると考えられるためです。

M.P.E.P. §2106.03(I)

A process defines "actions", i.e., an invention that is claimed as an act or step, or a series of acts or steps.

以下，請求項4のような§101の process に該当する請求項またはクレームを「方法クレーム」と呼びます。

[60]「方法クレーム」に対応する英語

「方法クレーム」は英語で process claim や method claim と呼ばれます。

A process is defined as an act, or a series of acts or steps. Process claims are sometimes called method claims.[※2]

Faber では，method と process について次のように説明されています。

The words "method" and "process" are interchangeable in the patent law, although "process" is perhaps more frequently used in chemical cases, while "method" is more usual in mechanical and electrical cases.[※3]

【参考日本語訳】

特許法において，method と process は相互に読み替え可能であるが，化学分野では process の方がより頻繁に使用され，機械分野と電気分野では method の方がより頻繁に使用されている。

1　M.P.E.P. §2106.03(I) [R-08.2017]. (2017年8月に改定された版のM.P.E.P.であることを示す)

2　Hirshfeld, Andrew H. 2012 Interim Procedure for Subject Matter Eligibility Analysis of Process Claims Involving Laws of Nature. Commissioner for Patents, United States Patents and Trademark Office, 2012, p.3. https://www.USPTO.gov/sites/default/files/patents/law/exam/2012_interim_guidance.pdf

3　Faber, Robert C. "Chapter 4 Method or Process Claims", "§4:1 In General". Faber on Mechanics of Patent Claim Drafting, 7th ed., Practising Law Institute, 2017.

35 U.S.C. §100(b) では，process が method を含む概念であることが示唆されています。

> 35 U.S.C. §100(b)
> The term "process" means process, art or method, and includes a new use of a known process, machine, manufacture, composition of matter, or material.（下線は筆者による付加）

これらの説明から，「方法」に対して method と process のどちらを使用したとしても重大な違いはないと考えられます。本書では，モノクレームの製造方法としてより一般的に使用され，日本の出願人にとってより馴染みのある method を採用しています。

［61］モノクレームを方法クレームに書き換える

　請求項4では，請求項1の飲料バッグを作る方法がクレームされており，請求項1に内容が非常によく似ています。このように，1つの出願にモノのクレームとそれを作るための方法クレームが含まれている場合，両者は内容が似ていることが多々あります。このような場合，先に作成したモノまたは方法クレームを，もう一方のモノまたは方法クレーム用に書き換えるという作業が一般的に行われます。本例でもこの手法を使い，先に作成したモノクレーム1をもとに方法クレーム4を作成しました。ただし，モノと方法というカテゴリの異なるクレームの作成には，異なる形式や表現などを使用するなどの注意点があります。以下，この注意点を含めた，方法クレームの作成手順を解説していきます。

［62］初出の単数名詞には a をつける

【原文】カップ内に飲料を抽出する際に用いられる飲料バッグを製造するための製造方法において，

【リライトクレーム例における対応部分】A method for producing a beverage bag, the method comprising:

請求項4の冒頭の原文を，リライトクレーム例では上記のようにしていま

す。英文冒頭の A method for producing a beverage bag, がプリアンブル，
続く the method comprising: が移行部となっています（[6] 参照）。先頭を
A method としているのは，初出の単数名詞には不定冠詞 a を用いるという英
語のルールに従ったものです。同じく，beverage bag もここで初出のため，
不定冠詞 a をつけて a beverage bag としています。

[63] method for と method of

　[62] の訳文において，method のコロケーション（[40] 参照）として
method for としています。method of を好む実務家もおり，どちらにするか
は好みの問題といえます。for と of の違いによって重大な問題が起きる可能
性は低いと思われます。

[64]「製造」に対応する英語

【原文】カップ内に飲料を抽出する際に用いられる飲料バッグを<u>製造する</u>た
　　　めの<u>製造方法</u>において，
【リライトクレーム例における対応部分】A method for <u>producing</u> a
　　　beverage bag, the method comprising:

　次に，上記下線部 producing は，「製造する」に対応しています。「製造
（する）」には基本的に make や create と同義の produce[4]を使うようにして
います。manufacture が好まれることもありますが，manufacture は "make
(something) on a large scale using machinery"[5]という定義からもわかる
ように，大量生産という印象を与える可能性があるため，「大量生産方法」を
クレームしたい場合以外は，原則として produce を使用しています。ただ
し，上記のような manufacture のニュアンスにかかわらず，分野によっては
manufacture の方が produce よりも広く使用されることがあります（fabricate
の方が一般的な分野もあります）。また，一般的な英文では，produce と
manufacture が区別なく使用されることがあります[6]。

4　"produce". Collins Free Online Dictionary. HarperCollins Publishers.
　　https://www.collinsdictionary.com/dictionary/english/produce
　　("If you produce something, you make or create it.")

5　"manufacture". Lexico.com. https://www.lexico.com/en/definition/manufacture

[65] 移行部において comprising が何を修飾しているかを明確にする

【原文】カップ内に飲料を抽出する際に用いられる飲料バッグを製造するための製造方法において，

【リライトクレーム例における対応部分】A method for producing a beverage bag, the method comprising:

次に，the method comprising: は移行部で，この後に具体的な工程を列挙していきます。移行部を導入するにあたり，… a beverage bag, the method comprising: のように a beverage bag の後にコンマ「,」を入れ，method を the とともに続けて …, the method comprising: としています。つまり，移行部である comprising の主語が method であることを明確にしています。このように，A method for … のように主語に修飾句がついている場合は，修飾句の終わりを「コンマ + the + 主語 + comprising」形式にして改めて主語をつけることで，主語の明確化を図っています。より一般的には，移行部は次の下線部のように記載されます。

A method for producing a beverage bag, comprising:

この「コンマ + comprising」表現を使うことにより，慣習的に，comprising が主語である method を修飾していると解釈される（つまり，直前の a beverage bag を修飾しているのではないと解釈される）という暗黙の了解が得られるようになっていると思われます。しかし本書では，comprising が beverage bag ではなく method を修飾していることをより明確に示すため，…, the method comprising: としています。これにより，comprising が直前の a beverage bag を修飾しているという誤解の可能性を排除しています。

6　"It [the plant] was built to produce products. Why can't that be the goal? Jonah said it wasn't. But I don't see why it isn't the goal. We're a manufacturing company. That means we have to manufacture something, doesn't it? Isn't that the whole point, to produce products? Why else are were here?" (insertion and emphasis added.) Goldratt, Eliyahu M.; Cox, Jeff. The Goal: A Process of Ongoing Improvement, 2nd rev. ed., North River Press, 1992, p.38.

【原文】カップ内に飲料を抽出する際に用いられる飲料バッグを製造するための製造方法において，

【リライトクレーム例における対応部分】A method for producing a beverage bag, the method <u>comprising</u>:

　移行部において，comprising の後にコロン「:」をつけています。本例のように，comprising の後に複数の工程が続く場合，comprising の後にコロンをつけ，改行してスペースを設け（本書では４スペース），複数の工程をそれぞれが独立した段落となるように改行しながら列挙しています。その際，複数の工程同士をセミコロン「;」でつなげています（［92］参照）。これは，［9］で解説したモノクレーム１における構成要素の列挙形式と同じ形式です。

　工程が１つしかない場合，コロンなしの comprising として，改行せずに comprising の直後に１つの工程を記載しています。ただし，これもモノクレーム１の構成要素の場合と同様，工程が１つしかない場合であっても，移行部をコロンつきの comprising: として，改行してから１つの工程を記載することができます。工程が１つしかない場合の移行部を「comprising ＋ 改行なし」とするか「comprising: ＋ 改行あり」とするかは好みの問題と考えられます。

　上述のように，方法クレーム４の移行部を comprising: としていますが，これとは異なる移行部の記載方法として，comprising の後に (the) steps を続けて comprising (the) steps of: とする記載方法もよく見られます（工程が１つのときは comprising a (the) step of）。以下の *Essentials* による解説のように，この記載方法は旧式の記載方法とされています。

> It should be noted that "comprising the steps of" is "old school" language and the modern trend has been to use simply "…, comprising:".[※7]

本書ではこの解説に倣い，移行部を comprising: としています。

特許英語の基本をチェック 15

「短文」化のためのアイデア②：直前の文章をパラフレーズする

　日本語明細書を英訳するにあたり，原文が長く，そのまま英訳すると英文も長くなり読みにくくなると思われる場合，原文を複数文に分けてから英訳する，いわゆる「短文」化が推奨されています。今回は，前回のコラム14に続き「短文」化の具体的な方法について見ていきます。

　前回は，「～しているため，…することができる」という日本語の1文を「～している」「これにより，…することができる」の2文に便宜上分け，これらをそれぞれ英訳することにより，1文の原文に対して2文の英訳文を作りました。具体的には，「～している」を1文で英訳し，次に「これにより，」を This configuration とし，「…することができる」を This configuration が主語となるようにした別の英文1文を作成しました。

　「短文」化を行うにあたり，このように直前の英文の内容を This configuration で受けるという方法のほかに，直前の英文の内容をパラフレーズすることにより次の英文を書き始めるという方法もあります。パラフレーズ（パラフレージング）とは，書かれた文章をその要点を中心に短くまとめるという意味で，英文明細書においては，直前の英文に多くの事柄が記載されているため，次の英文を This configuration で始めると「どの configuration か」が読み手にとってわかりにくいと思われる場合などに，パラフレージングを行うことが有効と思われます。これについて，前回と同じ例文で見てみます。

　本実施形態では，1つの電源によりAユニットとBユニットの両方に電圧を印加するため，ユニットごとに電源を設ける必要がない。

この例文を，前回は This configuration を使用して次のように「短文」化しました。

7　Rosernberg, Morgan D. Essentials of Patent Claim Drafting, 2019 ed., LexisNexis, 2018, §2.03, p.26.

In this embodiment, a single power source is used to apply voltage both to the unit A and the unit B. This configuration eliminates the need for providing a power source dedicated to the unit A and a power source dedicated to the unit B.

ここで，2文目を1文目の内容をパラフレーズすることによって始める形式にすると，例えば次のようになります。

In this embodiment, a single power source is used to apply voltage both to the unit A and the unit B. <u>Since a single power source suffices</u>, it is not necessary to provide a power source dedicated to the unit A and a power source dedicated to the unit B.

　下線部がパラフレージング例を示しています。パラフレージングには決まった形がなく，的を射た簡潔なものである限り，英文作成の観点から都合のよい形にすることができます（下記の例参照）。本例では，This configuration とパラフレージングのどちらを採用してもさほど違いはないと思われますが，上記のように，This configuration が何を指しているのかわかりにくいと思われる場合は，パラフレージングの方が読み手にとって親切であると考えられます。
　さらに，次のような日本語原文について，原文と同じ1文で英訳した例と，This configuration とパラフレージングで「短文」化した例を見てみます。

　この実施形態によれば，ロボットの部品をZ地点からY地点へ運搬する工程を省略できるため，ロボットの製造作業の煩雑さがなくなり，ロボットの生産性を向上させることができる。

1文で英訳した例：
According to this embodiment, since the step of conveying robot parts from position Z to position Y is omitted, the robot production process is less complicated and more productive.

This configuration を使用して「短文」化した例：
In this embodiment, the step of conveying robot parts from position Z to position Y is omitted. This configuration makes the robot production process less complicated and more productive.

パラフレーズして「短文」化した例：
This embodiment eliminates the need for the step of conveying robot parts from position Z to position Y. Without the conveying step, the robot production process is less complicated and more productive than when the process includes the conveying step.

　このように，原文の長さや複雑さなどから，原文の意図をより明確に表現できると思われる英訳パターンを選ぶことが考えられます（例：1文で訳す，This configuration などを使ってみる，パラフレーズしてみるなど）。

Section 2　方法クレームにおける第1の工程（1）

　前回の Section では，方法クレーム4のプリアンブルと移行部について検討しました。今回の Section では，請求項4の1番目に記載されている工程である「第1の工程」について見ていきます。

［68］工程の順番を示す表記（第1の工程）

【原文】メッシュ状の合成樹脂からなる生地を裁断して，一対の袋構成シート及び一対の前記袋構成シートを繋ぐ吊り片を一体形成する第1の工程と，

【忠実訳例における対応部分】a first step of cutting a material made of a mesh-like synthetic resin to integrally form a pair of bag-constituting sheets and a hanging string connecting the pair of bag-constituting sheets to each other;

【リライトクレーム例における対応部分】cutting a meshed material into a

pair of sheets and a string integral to the pair of sheets, with the
string connecting the pair of sheets to each other;

　忠実訳例では，原文の最後に記載されている「第1の工程」に対応する
first step が冒頭にきて a first step of ... のようになっています。これに対し
て，リライトクレーム例では，方法クレームの要素（ステップ）は動名詞で始
める[8]という実務に倣い，cutting としています。日本語で書かれた請求項で
は，「第1の工程」のように各工程に番号が付与されていたり，あるいは各工
程の前に（A），（B），（C）などのアルファベットが付されていることがあり
ますが，米国式クレームでは順番を連想させるような表記をしない（順番を明
確にしたいときのみにそのような表記をする）のが一般的です[9]。

　番号やアルファベットのほかに，日本語請求項では，例えば「裁断工程」の
ように「～工程」の前に修飾語がついていることがあります。この場合も，
「工程」を訳さずいきなり -ing の形式で始めるようにしています。つまり，
「裁断工程」のうち，「工程」を訳さず「裁断」に対応する英語動詞を -ing の
形にするか，文脈によっては「裁断」に対応しない動詞を"-"の部分に使用
することもあります。これについては後述します。

　このように，リライトクレーム例では，方法クレームの工程はいきなり
-ing で始まる形式になっています。以下は，このような形式を提案している
コメント例です。

8　Faber, Robert C. "Chapter 4 Method or Process Claims", "§4:2 Elements of Method
　Claims". Faber on Mechanics of Patent Claim Drafting, 7th ed., Practising Law Insti-
　tute, 2017. ("The elements of a method claim are acts or steps, customarily phrased as
　gerunds ('heating').").

9　Rosernberg, Morgan D. Essentials of Patent Claim Drafting, 2019 ed., LexisNexis,
　2018, §2.04, p.28. (" … Claim 1 also lists each individual element with a letter ('A.'
　and 'B.'). Although there is nothing wrong with this, and this will not spark an objec-
　tion or rejection from an Examiner, most claims do not have this format. It's a stylistic
　choice, and one which is rarely used."); Faber, Robert C. "Chapter 4 Method or Pro-
　cess Claims", "§4:3 Order of Steps". Faber on Mechanics of Patent Claim Drafting,
　7th ed., Practising Law Institute, 2017. ("Quite often, the steps, or some of them, must
　be performed in a given sequence. In this event, expressions indicative of the order
　should be used, such as: 'first,' 'second,' 'then,' 'subsequently,' 'after the embossing
　step,' 'between steps (c) and (d),' etc.[17] / Where all of the steps must be performed in a
　specific order, then all should be tied in chronologically, either by sequence words as-
　sociated with the description of each step,[18] as previously discussed, or by a preamble
　statement such as: 'A method of _____, comprising the following steps
　in the order named: . . .' or '. . . in the sequence set forth: . . .' These are useful ways of
　stating a necessary order of steps, particularly for claims with many steps.").

コメント例

［原文］

【請求項4】

　カップ内に飲料を抽出する際に用いられる飲料バッグを製造するための製造方法において，

　メッシュ状の合成樹脂からなる生地を裁断して，一対の袋構成シート及び一対の前記袋構成シートを繋ぐ吊り片を一体形成する第1の工程と，

　前記第1の工程の終了後に，一方の前記袋構成シートの内側面に抽出原料をセットする第2の工程と，

　前記第2の工程の終了後に，前記吊り片の中央部を折り曲げて，一対の前記袋構成シートを重ね合わせる第3の工程と，

　前記第3の工程の終了後に，一対の前記袋構成シートの周縁部同士を熱圧着して，前記抽出原料を内包した袋体を形成する第4の工程と，

　を備えたことを特徴とする飲料バッグの製造方法。

［忠実訳例］

　4．A method for producing a beverage bag used when a beverage is made in a cup by infusion, the method comprising:

　a first step of cutting a material made of a mesh-like synthetic resin to integrally form a pair of bag-constituting sheets and a hanging string connecting the pair of bag-constituting sheets to each other;

　after the first step, a second step of setting an infusion material onto an inner surface of one of the pair of bag-constituting sheets;

　after the second step, a third step of folding the hanging string at a middle portion of the hanging string to superpose the pair of bag-constituting sheets onto each other; and

　after the third step, a fourth step of thermo-compression bonding perimeter portions of the pair of bag-constituting sheets to each other to form a bag body containing therein the infusion material.

［代替案］

忠実訳例を修正した例：

　4．A method for producing a beverage bag used when a beverage is made in a cup by infusion, the method comprising:

cutting a material made of a mesh-like synthetic resin to integrally form a pair of bag-constituting sheets and a hanging string connecting the pair of bag-constituting sheets to each other;

setting an infusion material onto an inner surface of one of the pair of bag-constituting sheets;

folding the hanging string at a middle portion of the hanging string to superpose the pair of bag-constituting sheets onto each other; and

thermo-compression bonding perimeter portions of the pair of bag-constituting sheets to each other to form a bag body containing therein the infusion material.

リライトクレーム例：

4. A method for producing a beverage bag, the method comprising:

<u>cutting</u> a meshed material into a pair of sheets and a string integral to the pair of sheets, with the string connecting the pair of sheets to each other;

<u>putting</u> an infusion material onto an inner surface of one sheet of the pair of sheets;

<u>folding</u> the string over to superpose the pair of sheets onto each other; and

<u>bringing</u> perimeter portions of the pair of sheets into close contact with each other to keep the infusion material held between the pair of sheets, so as to form a body comprising the infusion material in the body.

［コメント］

「第1の工程」～「第4の工程」について，工程を実施する順番を限定する表現を避けるため，「第1の工程」～「第4の工程」の訳出を省略することが考えられます。代替案では，クレーム4のすべての工程が -ing で始まる形式になっています。

［69］工程における動作と結果の配置

　次に，方法クレームにおいてどの動詞を -ing の形にして工程の冒頭に配置するかについて見ていきます。工程の中には，必ず人や装置などが行うと思われる動作が記載されています。記載されている動作が1つの場合，その動作を英語動詞にして，その動詞を -ing 形にして工程の冒頭に配置することで対応できます。例えば，「A を B に移動する第1の工程と，」という原文であれば，ここでの動作は「移動する」のみであるため，これを動詞 move にし，これを -ing 形にして次のように工程の冒頭に配置します。

　moving A to B;

　しかし，実際の原文記載はこれほど単純ではなく，本例も含め，1つの工程に複数の動作が含まれているように見えることが多々あります。このような場合にどの動作を冒頭の -ing 形にするかについて考えていきます。
　1つの工程に複数の動作が記載されている場合の典型的な形式として，「…して，～する」や「…することにより，～する」などがあります。このような形式では，「…」と「～」が動作を表しますが，後の「～」は実は動作というよりも，むしろその前の「…」の結果を表していることがほとんどです。そして，英文方法クレームでは，「…」にあたるものを -ing 形で工程の冒頭に配置し，「～」を冒頭 -ing の結果として記載するという手法があります。これを本例に当てはめて見てみましょう。

　　メッシュ状の合成樹脂からなる生地を裁断して，一対の袋構成シート及び一対の前記袋構成シートを繋ぐ吊り片を一体形成する第1の工程と，

　ここで動作と思われるのは，「裁断」と「形成」です。ただし，「形成」は実際は「一体形成」ですが，「一体」はこの説明では重要ではないため省略して考えることとします。また，「繋ぐ」は吊り片の構造的な役割で，人または装置などが行う動作ではないため，候補から外しています。「裁断」と「形成」のうち，後に記載されている「形成」は，前の「裁断」という動作の結果であることが簡単にイメージできるのではないかと思います。1枚の生地を裁断すると，一対のシートと吊り片が形成される，という図3の（a）→（b）のようなイメージです。上述のように，一般的な英文クレームでは，「…」に該当

するもの，つまり「裁断」を -ing 形にして工程の冒頭に配置し，後の「～」に該当し「裁断」の結果を表す「形成」をその後に記載します。このような形式にしたものがリライトクレーム例の次の英文です。

cutting a meshed material into a pair of sheets and a string integral to the pair of sheets, with the string connecting the pair of sheets to each other;

「裁断」を cutting としてこの工程の冒頭に配置しています。そして，結果である「形成する」を into で表現しています。into を to form のように to 不定詞にすることによってより結果らしくすることも考えられますが，into は cut とのコロケーションの相性がよく，また into は変化を示唆することから[10]，変化を伴う動作が頻出する方法クレームとも相性がよいため，本例のような文脈に適しています。

　このように，方法クレームの工程は，動作を前，結果を後に配置するのが一般的です。この配置方法は，動作と結果が時系列順になっており（時間の流れに沿っており），イメージしやすいため好まれる傾向にあります。「裁断」と「形成」では，「裁断」が時間的に前，「形成」が時間的に後であることは明らかです（図3(a) → (b)）。

　この配置方法とは逆に，by を使って「結果」を前，「動作」を後ろに配置する例も非常に多く見られます。

<u>forming</u> a pair of sheets and a string integral to the pair of sheets by <u>cutting</u> a meshed material;

この例では，結果である「形成」が前，動作である「裁断」が後ろに配置されていることにより，「形成」と「裁断」が反時系列順になっています。この形式は，上記「動作＋結果」形式と文字通り形式が異なるだけで，意味はまったく同じといわれています（*Faber* では，"(g) distilling the aqueous solution to separate the alcohol therefrom" と "(g') separating the alcohol from the aqueous solution by distilling the solution" はまったく同じことを表していると説明されています[11]）。つまり，方法クレームの工程を「動作＋結

---

10 "into". Lexico.com. https://www.lexico.com/en/definition/into
　　("Expressing a change of state")

果」形式とするか「結果＋ by ＋動作 -ing」形式とするかは好みの問題である
と考えられます。本書では，上述した理由で時系列順の「動作＋結果」形式を
採用しています。

特許英語の基本をチェック 16

「等」に関する表現①：and the like，or the likeに代わる表現としてのアイデア

上位概念を使って「等」を表現する

　日本語明細書には，「等」という表現が頻出します。「等」は限定を避け
る目的で用いられ，例えば「ポリプロピレン等からなるメッシュ」におけ
る「等」は，メッシュをポリプロピレンだけに限定せず，他の素材の可能
性もあることを示唆しています。

　これに対して，米国出願用の英文明細書において「等」に対応する and
the like や or the like, etc. などを記載しても，審査，訴訟においてこれ
らの表現を根拠とした主張はほとんど受け入れられないため，記載する意
味は薄いといわれています[※1]。これを踏まえて，依頼主が and the like や
or the like, etc. などの表現を使用しない方針を採用している場合の，こ
れらに代わりうる表現方法について見ていきます。

　例えば，「窒素やヘリウム等」という日本語原文があるとします。この
場合，「等」の前の窒素とヘリウムには不活性ガスという共通点があるこ
とから，不活性ガス（inert gas）を使用して nitrogen, helium, and any
other inert gas のように英訳することが考えられます。場合によっては
nitrogen, helium, and any other gas that ... のように that 以下に使用で
きるガスの条件などを記載することも考えられます。

　別の例として，「紅茶やコーヒー等をカップに注ぐ」という日本語原文
があるとします。この場合，「等」の前の紅茶とコーヒーには飲み物とい
う共通点があることから，飲み物（beverage）を使用して

　Pour tea, coffee, or any other beverage into a cup.

---

11 Faber, Robert C. "Chapter 4 Method or Process Claims", "§4:2 Elements of Method
　Claims". Faber on Mechanics of Patent Claim Drafting, 7th ed., Practising Law Insti-
　tute, 2017. ("First, steps (g) and (g') may be seen to cover exactly the same territory
　logically and semantically.").

のように英訳することが考えられます。

　このように，「等」が含まれる文章において，「等」をその前に記載されたものの共通点（すなわち上位概念）で表現できる場合があります。

and the like と or the like の違い

　「等」の対訳として多用されている and the like と or the like の違いについて見ていきます。これらの違いは，and と or の違いと考えることができます。例えば，A and B は，A と B が同時に成り立つことを表しており，このような場合は and the like が適切です。

　これを上記の例文「窒素やヘリウム等」を使って考えてみます。この文章が，例えば何らかの目的に使用されるガスの例を列挙している文脈の文章である場合，窒素とヘリウムがそのようなガスの例として同時に成り立つため，この場合の「等」は and the like とすることができます（例：Examples of the gas include nitrogen, helium, and the like.）。

　これに対して，A or B は，A と B が同時には成り立たないことを表しており，このような場合は or the like が適切です。上記の例文「紅茶やコーヒー等をカップに注ぐ」において，紅茶やコーヒー，その他の飲み物をすべて1つのカップに注ぐことは，決して不可能ではないにしても，常識的にはありえない好みのため，この場合は or the like を使用した

　Pour tea, coffee, or the like into a cup.

がより受け入れられやすい文章です。もっとも，特許文書においては

　Pour tea, coffee, <u>and</u> the like into a cup.

とすべき場合が十分にありえます。

※1：ジェームズ・バーロー．"特許出願における英語翻訳文をより良いものにするために"．米国特許翻訳社ホームページ．2019．http://beikokupat.com/barlow/

Section 3　方法クレームにおける第1の工程（2）

　前回の Section では，方法クレームにおける工程の形式について検討しました。今回の Section では，第1の工程の具体的な英語内容について見ていきます。

[70] シンプルな表現で意図した内容が伝わるなら，それ以上手を加えない

【原文】メッシュ状の合成樹脂からなる<u>生地を裁断して</u>，一対の袋構成シート及び一対の前記袋構成シートを繋ぐ吊り片を一体形成する第1の工程と，

【リライトクレーム例における対応部分】<u>cutting a meshed material</u> into a pair of sheets and a string integral to the pair of sheets, with the string connecting the pair of sheets to each other;

　原文の下線部は，リライトクレーム例の下線部に対応しています。「裁断」に対応する英語動詞として cut を使用しました。ここで，「裁断」の「断」がもつ「切り離す」ようなニュアンスを強調するためか，out を加えて cut out とする例を見ることがありますが，cut だけで切り離すようなニュアンスが表現されているため[12]，out は不要と考えられます。むしろ，cut out には"suddenly stop operating"[13]などのような，「裁断」とは異なる意味もあるため，読み手の混乱あるいは予想外の解釈を避けるためにも，out は加えるべきではないと思われます。

　同様の例で，「（データなどを）読み出す」を read out とする例を見かけることがあります。この場合も read だけで十分どころか，以下の例文のように，read out は「読み出す」とはほど遠い「除外する」という意味になる可能性があります。

　　　In this case, the district court erred by improperly broadening the scope of the claimed function by "reading out" the limitations contained in the claim language.[14]

12 "cut". Lexico.com. https://www.lexico.com/en/definition/cut
　("divide into pieces with a knife or other sharp implement")
13 "cut out". Lexico.com. https://www.lexico.com/en/definition/cut_out

このように，原文の意図を最大限に出そうとして作った英語表現が，原文とは異なる意味になってしまうことがあります。シンプルに cutting や reading と表現するだけで意図した内容が伝わるのなら，それ以上手を加えない方がいい場合があります。

［71］「生地」を上位概念化する

【原文】メッシュ状の合成樹脂からなる生地を裁断して，一対の袋構成シート及び一対の前記袋構成シートを繋ぐ吊り片を一体形成する第1の工程と，

【リライトクレーム例における対応部分】cutting a meshed material into a pair of sheets and a string integral to the pair of sheets, with the string connecting the pair of sheets to each other;

　次に，「メッシュ状の合成樹脂からなる生地」を a meshed material としています。これは，請求項1（モノクレーム）の原文における「メッシュ状の合成樹脂」に対応する a meshed material とまったく同じ訳になっています。つまり，請求項1の「メッシュ状の合成樹脂」と請求項4の「メッシュ状の合成樹脂からなる生地」を両方とも a meshed material と表現しています。言い換えると，請求項4の原文にある「からなる生地」を訳出していません。

　［12］において，請求項1の原文「メッシュ状の合成樹脂」を「メッシュ状の素材」（meshed material）と第2日本語化しました。これを請求項4の原文「メッシュ状の合成樹脂からなる生地」に当てはめると，「メッシュ状の素材からなる生地」となります。これを，「生地」を cloth や fabric とした上で英訳してみると，a cloth (fabric) made of a meshed material となります。ここで material の意味を調べてみると，"Cloth or fabric"[15]とあり，この定義から，material は cloth や fabric の意味を含んでいる，つまりこれらの上位概念であると考えることができます。したがって，さきほどの文の cloth (fabric) は material に置き換えることができ，a material made of a meshed material となります。これは material が重複した表現であり，単に a meshed material とすることができると考えられます。このように判断して，

14 *Lockheed Martin Corp. v. Space Systems/Loral, Inc.* 324 F.3d 1308 (Fed. Cir. 2003).

15 "material". Lexico.com. https://www.lexico.com/en/definition/material

「メッシュ状の合成樹脂からなる生地」を a meshed material としました。

［72］名詞の意味を明確化するための工夫

material について，辞書に記載されている例文をいくつか挙げてみます[15]。

> goats can eat more or less any plant material
> materials such as brass
> highly flammable materials

これらの例文を見ると，material は無冠詞または複数形のみで使用されていることがわかります。つまり，前に不定冠詞 a がついている本クレームのような例が1つもありません。このことからわかるように，material は無冠詞または複数形で使用されることが多い名詞です。無冠詞の場合，material は抽象性が高く，「具体的にはこれだ」と明確にする必要のない文脈で使用されることが多いといえます。これに対して，特許クレームでは物事を明確に表現することが好ましいため，material の初出において不定冠詞 a を伴って a material としています。このように，無冠詞または複数形での用法が一般的であるものの，具体性をもたせて明確にしたい文脈では不定冠詞 a とともに使用される名詞は多く存在します（例えば technology）。そのような名詞が無冠詞の場合は非可算名詞を意図して使用されており，抽象性の高い物事や状態を表しています。辞書では [U]（Uncountable の U）という印がついていることがあります。一方，そのような名詞が不定冠詞 a つきの場合は可算名詞を意図して使用されており，具体性の高い物事や状態を表しています。辞書では [C]（Countable の C）という印がついていることがあります[16]。そして，英文特許クレームでは名詞を [C] の用法で表現した方が明確性の上で好ましい場合が多いといえ，そのため本例では a material としています。

　このような名詞の問題を根本的になくすために，そもそも名詞を使用せずにすむように工夫できないか検討することも考えられます。例えば，「A の特定を行う」という原文があるとすると，これを to perform identification of A などとするのではなく，to identify A のようにして「特定」を動詞化するという対処法があります。同様に，「前記メモリへのアクセスを制御する」とい

---

16 トム・ガリー. "第4回 冠詞が必要な時と不必要な時". 東京大学大学院理学系研究科広報委員会. 2019, https://www.s.u-tokyo.ac.jp/ja/story/newsletter/english/04.html

う原文を英訳する場合，「アクセス」に対応する名詞 access には「アクセス方法」や「アクセス権」といった複数の異なる意味があることから[※17]，不明確性を避けるために access を名詞として使用するのではなく，to control A to access the memory のように動詞化する（そして目的語「A」を補足する）ことが考えられます。

［73］ 見た目が似ている要素同士の混同を避ける工夫

【原文】メッシュ状の合成樹脂からなる<u>生地</u>を裁断して，一対の袋構成シート及び一対の前記袋構成シートを繋ぐ吊り片を一体形成する第1の工程と，

【リライトクレーム例における対応部分】cutting <u>a meshed material</u> into a pair of sheets and a string integral to the pair of sheets, with the string connecting the pair of sheets to each other;

　このクレームでは，後段の「抽出原料」の訳として infusion material を使用しており（［80］参照），これらはともに material を使用している点で似ています。言い換えると，同じクレーム内に material を用いた表記が2つ記載されています。これら2つはお互いに異なるものですが，読み手が infusion material と meshed material を混同しないように，例えば infusion material を一貫して infusion material と表記する（the material と略さない）などの工夫が必要です[※18]。

　読み手に混乱なく読んでもらうための別の工夫について，次のような文章の英訳を通して考えてみます。

・信号を受け取る工程
・受け取った信号を処理する工程

---

17 "access". Oxford Advanced Learner's Dictionary of Current English. Oxford University Press, 9th ed., 2015, p.9.
（"a way of entering or reaching a place"; "the opportunity or right to use sth or to see sb/sth"）

18 Faber, Robert C. "Chapter 3 Apparatus or Machine Claims", "§3:14 Antecedents; Indefiniteness ("A" Versus "The")". Faber on Mechanics of Patent Claim Drafting, 7th ed., Practising Law Institute, 2017. ("For example, if two different levers or gears have been individually described in the claim, it is improper to refer back to 'said lever' or 'said gear'")

　「信号を受け取る工程」を receiving a signal と表現した場合，「受け取った信号を処理する工程」を processing the received signal と表現すると，読み手によっては，the received signal という表現があるということは，それ以前に a received signal というものが記載されているはずだと考える可能性があります。しかし，実際には a received signal は記載されていないため，the received signal という表現は不明確と判断されるおそれがあります。このため，「受け取った信号を処理する工程」を processing the signal (that has been) received などと表現した方がより明確になると考えられます。

　さらに，要素の「見た目」に関連して，原文の「複数の」にあたる a plurality of を，2回目以降省略すべきという意見があります。つまり，例えば a plurality of sheets を2回目以降 the plurality of sheets とするのではなく，the sheets とシンプルに表現すべきという意見です。実際，英語ネイティブによるチェック（いわゆるネイティブチェック）を受けた英文において，the plurality of sheets が the sheets に修正されていることがあります。しかし，クレームにおいて要素をこのように省略して記載することを好まない実務家も存在します。これは，a plurality of sheets と2回目以降の the sheets は見た目が違うため，読み手に混乱を生じさせてしまいかねないという懸念があるためと考えられます。本書は，要素の表記を省略しない立場をとっており，後述の a pair of sheets を2回目以降は一貫して the pair of sheets とすることにより，the pair of sheets が a pair of sheets と同一のものであることを明確にしています。

　このように，「見た目」という観点をもち出すのはあまり知的ではないと思われる向きもあるかもしれません。しかし，特許クレームという法律文書において，上述のような誤解が生じる可能性をゼロに近づけるためには，「見た目」への対処（例えば，同じ表現を一貫して使用するという対処）も必要な実務の1つと考えられます。これは英文クレームライティングが一般的な英文ライティングと異なる点であり，英文ライティングのバイブル的存在として知られる *The Elements of Style*[19]では簡潔性（brevity）[20]が奨励されていますが，英文クレームライティングにおいては簡潔性よりも明確性を優先させるべき場面が少なからずあります。

---

19 Strunk, William, Jr.; White, E. B. The Elements of Style. 4th ed., Longman, 1999

20 "brevity". Oxford Advanced Learner's Dictionary of Current English. Oxford University Press, 9th ed., 2015, p.205. ("the quality of using few words when speaking or writing.").

「等」に関する表現②：such asに代わる表現としてのアイデア

今回は，前回のコラム16で検討した「等」という表現を別の観点から見ていきます。

例えば，「A, B, C 等」という日本語原文があるとします。これを英訳する方法の1つとして，such as を使って such as A, B, and C とすることが広く行われています。しかし，特許明細書では，「等」の後に長めの説明が入ることがよくあり，「等」と合わせてうまく英訳するのが難しいときがあります。例えば，「A, B, C 等の扱いが難しいもの」という原文では，「等」の後に「の扱いが難しいもの」という説明が入っています。これを such as を使って英訳すると，例えば次のようになります。

something difficult to handle, such as A, B, and C

この訳例において，such as A, B, and C は something を修飾しており，something と such as A, B, and C が difficult to handle によって引き離されています。これは非常にシンプルな例ですが，実際には difficult to handle の箇所に相当する説明部分がもっと長いことが多く，これによって something と such as A, B, and C がさらに引き離され，such as A, B, and C が何の例示なのかがわかりづらくなることがあります。これに対して，次のように something と such as A, B, and C を隣同士に配置する方法があります。

something, such as A, B, and C, difficult to handle

この訳例では，such as A, B, and C が something の直後にあることにより，such as A, B, and C が something を修飾していることが100％明確になっています。一方で，such as A, B, and C は something difficult to handle を例示したものであるため，上記例文は，A, B, and C がどのような性質のものなのかが difficult to handle を読むまでわからない文構造になっています。

上記の諸問題を解決するための表現方法として，次のような方法があり

ます。

　A, B, C, and other things difficult to handle

このようにすることで, such as や and the like, or the like などを使わ
ずにすみ, また上記の係り結びの問題もないすっきりとした表現になりま
す。なお, and other things の and は, 文脈や技術内容によって or ある
いは and/or にしなければならない場合があります。また, things につい
ても, より適切な表現（例えば, A, B, C に共通する上位概念）を考え出
す必要があります。
　また, 場合によっては次のように「短文」化することによっても上手く
表現できることがあります。

　something difficult to handle. Examples include A, B, and C.

Section 4　方法クレームにおける第1の工程（3）

［74］ cutting と into はどれぐらい離しても大丈夫か？

【原文】メッシュ状の合成樹脂からなる生地を裁断して, 一対の袋構成シー
　　ト及び一対の前記袋構成シートを繋ぐ吊り片を一体形成する第1の工程
　　と,
【リライトクレーム例における対応部分】cutting a meshed material into a
　　pair of sheets and a string integral to the pair of sheets, with the
　　string connecting the pair of sheets to each other;

　下線部の into は, 冒頭の cutting と対になっています。［69］で解説してい
るように, cutting（cut）と into は非常に相性のいい組み合わせです（例：
He cut the loaf into thick slices[21]）。また, 同じく［69］で解説している
ように, 「動詞＋into」の形にすることで「動作＋結果」という特に方法ク

---

21 "cut". Oxford Advanced Learner's Dictionary of Current English. Oxford University
　　Press, 9th ed., 2015, p.425.

レームにおいて頻出のパターンを表すことができます。

a meshed material は, cutting と into の間に挟まれています。言い換えると, cutting と into は, a meshed material によってお互いに離されています（以下, a meshed material の位置にあるものを「目的語」と呼びます）。cutting と into の間に配置する目的語が長すぎると, それらが対になっていることが読み手にわかりにくくなる可能性があります。一般に, 動詞と前置詞（副詞の場合もある）の間に配置できる許容最大ワード数のようなものは決まっておらず, 動詞と前置詞の間のワード数が多いと感じるかどうかは読み手によると思われます。しかし, その数があまりに多いと読みにくくなることは明らかであり, これを考慮して, 本書では独自に次の2段階ルールを採用しています。

(1) 許容最大ワード数を不定冠詞 a または an を除いて5ワード程度とし, かつ

(2) 5ワード以内であっても全体が読みやすいかどうか検討する。

本例では, 目的語 a meshed material は a を除くと2ワードからなるため, 条件（1）を満たしています。条件（2）については, cutting a meshed material into を改めて読んでみて, cutting と into の組み合わせが認識しづらい程度に離れてはいないため, 全体として読みづらさは損なわれていないと判断しました。条件（2）は, 条件（1）のように数字を用いた客観的な判断ではなく, 主観的な判断となるため, 厳しい目で判断することが必要と考えています。

そして, 条件（2）において動詞と前置詞があまりに離れすぎていて対を成していることがわかりにくいと判断した場合は, よりわかりやすい表現に書き換えるなどの工夫をする必要があります。例えば, into を to form に置き換えて cutting a meshed material to form ... とすることにより, cutting の結果（to form 以下）を明確にすることなどが考えられます。

［75］原文とニュアンスの異なる英文クレームになったときのコメント例

【原文】メッシュ状の合成樹脂からなる生地を裁断して, 一対の袋構成シート及び一対の前記袋構成シートを繋ぐ吊り片を一体形成する第1の工程と,

【リライトクレーム例における対応部分】cutting a meshed material into <u>a pair of sheets and a string integral to the pair of sheets</u>, with the string connecting the pair of sheets to each other;

　次に，into 以降のa pair of sheets and a string integral to the pair of sheets, までは，裁断（cutting）によってできた一対の袋構成シートと吊り片を表しています。これを対応する原文と比べてみます。

　　一対の袋構成シート及び一対の前記袋構成シートを繋ぐ吊り片を一体形成する
　　a pair of sheets and a string integral to the pair of sheets,

　リライトクレーム例は，「一対の袋構成シートと，一対の前記袋構成シートと一体の吊り片」といったニュアンスになっています。つまり，原文のうち「一対の前記袋構成シートを繋ぐ」と「形成する」を除いた英文となっています。このうち，「形成」は into で代用しています（[69] 参照）。残る「一対の前記袋構成シートを繋ぐ」は，[36] で解説したのと同様，「一体形成」から導き出される当然の結果と考えられるため，本工程の説明の最後に
　　, with the string connecting the pair of sheets to each other;
と付加的に記載しています（これについては後述）。このように，
　　cutting a meshed material into a pair of sheets and a string integral to the pair of sheets,
を全体として見ると，原文の「一対の袋構成シート及び一対の前記袋構成シートを繋ぐ吊り片を一体形成する」とは異なるニュアンスの「メッシュ状の生地を裁断して，一対のシート及び一対の前記シートと一体の吊り片にする（その当然の結果として，前記吊り片が一対の前記シートを繋いでいる状態になっている）」というようなニュアンスとなっています。原文の意図を論理的な観点や特許的観点から検討した結果，原文とは異なるニュアンスの英文になりました。以下は，提案するリライトクレーム例が原文とニュアンスの異なる英文であることをコメントしている例です。

［原文］

【請求項4】

…

　メッシュ状の合成樹脂からなる生地を裁断して，一対の袋構成シート及び一対の前記袋構成シートを繋ぐ吊り片を一体形成する第1の工程と，

…。

［忠実訳例］

　a first step of cutting a material made of a mesh-like synthetic resin to integrally form a pair of bag-constituting sheets and a hanging string connecting the pair of bag-constituting sheets to each other;

［代替案（リライトクレーム例）］

　cutting a meshed material <u>into</u> a pair of sheets and a string integral to the pair of sheets, with the string connecting the pair of sheets to each other;

［コメント］

　代替案では，「裁断」を cutting とし，「一体形成する」の「形成する」を，cutting とともに使用されることの多い into としました。また，「一対の前記袋構成シートを繋ぐ」は，「一体形成」から導き出される当然の結果と考えられるため，本工程の説明の最後に，with the string connecting the pair of sheets to each other; と付加的に記載しました。その結果，代替案は「メッシュ状の生地を裁断して，一対のシート及び一対の前記シートと一体の吊り片にし，その当然の結果として，前記吊り片が一対の前記シートを繋いでいる状態になっている」というようなニュアンスとなっています。

［76］クレームで副詞の使用を最小限にする

　ここまで見てきたように，原文「一対の袋構成シート及び（一対の前記袋構成シートを繋ぐ）吊り片を一体形成する」を，リライトクレーム例では次のような英文にしています。この英文を仮に A とします。

(A) cutting a meshed material <u>into</u> a pair of sheets and a string integral to the pair of sheets

　ここで，原文に含まれる「一体形成する」に対応する英語表現として最も一般的なのが，副詞 integrally を用いた integrally form と思われます（忠実訳例でも使用しています）。そして，上記英文を次のように書き換えることも可能です。この英文を仮に B とします。

(B) cutting a meshed material to integrally form a pair of sheets and a string

　本書は，米国特許クレームにおいて副詞をできるだけ使用しない立場をとっており（理由は後述），リライトクレーム例の作成においては，副詞 integrally を用いて B のようにするのではなく，副詞を用いずに「一体形成」のニュアンスを表現することを検討し，その結果，A の英文ができあがりました。具体的には，a string integral to the pair of sheets のように原文の「一体形成」の「一体」を吊り片の説明部分に配置し，「一対の前記袋構成シートと一体の吊り片」という「一体形成」に似たニュアンスを出しました。これにより，副詞に頼ることなく，一対の袋構成シートと吊り片が一枚の生地から一体形成されることを表現しました。

　このように，クレームでは副詞をできるだけ使用しないように努めるという実務があり[22]，本書もこれに倣っています。クレームにおいて副詞をできるだけ使用しない理由としては，［33］において解説した形容詞が不明確になり得る理由と同様，副詞によって表そうとしている意味が読み手に伝わりにくい

---

22 「can, may, 形容詞, 副詞は，クレームが不明瞭となるので使用してはならない。」山口洋一郎, 外国産業財産制度セミナー, 米国特許のとり方と評価のノウハウ：米国で特許される発明と特許取得の戦略とノウハウ, 米国における均等論と特許分析の戦略について, 東京都, 名古屋市, 東京都, 2011-02-01/02/03, 社団法人発明協会, p.27.

可能性があることが挙げられます。例えば，副詞 closely を用いた closely spaced という表現がクレーム内に記載されていた例において，closely の程度（どれだけ close か）がクレームからは判断できず，また明細書本文にも closely spaced についての明確な定義が記載されていなかったことから，closely spaced が裁判において不明確と判断された例があります[※23]。

　例外として，substantially や approximately, about などの「およそ」を示す表現（approximating language, words of approximation）は，明細書の実施形態などにおいてこれらのサポート（「およそ」の定義や判断基準など）を記載すればクレームにおいても使用してもよいとされています[※24]（明細書本文におけるサポートの記載例については［33］参照）。

---

［77］コンマの有無で意味が変わる

【原文】メッシュ状の合成樹脂からなる生地を裁断して，一対の袋構成シート及び<u>一対の前記袋構成シートを繋ぐ吊り片を一体形成する第1の工程</u>と，

【リライトクレーム例における対応部分】cutting a meshed material into a pair of sheets and a string integral to the pair of sheets, <u>with the</u>

---

23 *Norton Co. v. Bendix Corp.*, 449 F.2d 553 (2d Cir. 1971); Faber, Robert C. "Chapter 3 Apparatus or Machine Claims", "§3:18 Relative Terminology". Faber on Mechanics of Patent Claim Drafting, 7th ed., Practising Law Institute, 2017. ("*In Norton Co. v. Bendix Corp.*,[384] a claim was held invalid for indefiniteness for inclusion of the phrases 'closely spaced' and 'substantial distance.' Apparently, these features or relationships were important to novelty, and the specification did not define them. The testimony showed that a potential infringer could not tell, nor could the patentee, just what infringed and what did not.").

24 Rosernberg, Morgan D. Essentials of Patent Claim Drafting, 2019 ed., LexisNexis, 2018, §1.03, p.20. ("One may also use the words 'substantially' and 'approximately' in a claim, though support for this must be found in the specification, and it is questionable just how much leeway this actually affords."); Faber, Robert C. "Chapter 3 Apparatus or Machine Claims", "§3:19 Words of Approximation—'Substantially' et al.". Faber on Mechanics of Patent Claim Drafting, 7th ed., Practising Law Institute, 2017. ("The Patent and Trademark Office published guidelines on February 9, 2011,[431] for compliance with the indefiniteness provision of section 112(b). They do not alter any discussion in this section. 'Essentially free of alkali metal' is an example of a definite claim element, because the specification of the application or patent provided a general guideline and examples sufficient to enable a person of ordinary skill to determine if a process was essentially free of alkali metal. The specification must provide a standard for measuring the degree. The same consideration applies to a subjective term that requires exercise of subjective judgment. The specification should provide a standard.")

string connecting the pair of sheets to each other;

　原文とリライトクレーム例の下線部はお互いに対応しています。上述のように，「一対の前記袋構成シートを繋ぐ」は一対の前記袋構成シートと吊り片が一体形成されていることから導き出される当然の結果といえるため，... , with the string connecting ... のように工程の最後に付加的に訳出しました。「付加的」とは，付け加える程度の重要度という意味で本書で使用しています。具体的には，... , with the string connecting ... のように直前の文章とをコンマ「,」で区切って記載することで「付加的」を表現しています。

　コンマで区切るとなぜ付加的なニュアンスが出るのでしょうか。これは，コンマがもつ「非限定の同格を表す」という働きによります。非限定の同格（nonrestrictive apposition）とは，「直前のものと意味が同じため特に記載する必要はないが，何らかの意図をもってあえて記載している」というような意味です。コンマによって導入された（つまり，コンマ以降の）同格の文章は，「なくても全体の意味が通じるもの」ともいえます。以下は，英文スタイルのルールブックである The Chicago Manual of Style に記載されている例文を，非限定の同格を表す部分に下線を引いて引用したものです。

Jeanne DeLor dedicated the book to her only sister, Margaret. [25]
【参考日本語訳】Jeanne DeLor はこの本を彼女の唯一の姉妹である Margaret に捧げた。

　この文章では，her only sister の後にコンマを設けることにより，her only sister と Margaret が非限定の同格であることを示しています。これは「her only sister = Margaret」を意味し，Jeanne の姉妹は Margaret しかいないということを表しています。このような場合，her only sister と Margaret の間にコンマを設けるのが英文スタイルのルールであり，コンマを用いて他に ... her only sister, whose name is Margaret や ... her only sister, namely, Margaret のように表現することもできます。非限定の同格 ", Margaret" は，記載しなくても全体の意味は通じます（Jeanne DeLor dedicated the book to her only sister.）。ここでは，名前を明記して読み手に覚えてもらうなど，何らかの意図をもってあえて記載されているものと考えられます。

---

25 The University of Chicago Press. The Chicago Manual of Style, 14th ed., 1993, p.171.

また，Chapter 2の［7］において，独立クレームを定義した以下の英文に
ついて言及しました。

A claim that contains a complete description of the subject matter,
without reference to any other claim.

この英文では，withoutの前にコンマ「,」があります。このコンマは，これ
までに見てきた非限定の同格が意図されています。すなわち，a complete
description（完全な説明）とは，他のクレームを参照する必要がない（without
reference to any other claim）ことであり，a complete descriptionと
without以下は同格の関係にあります。このような場合，仮にwithoutの前
にコンマがないと（A claim that contains a complete description of the
subject matter without reference to any other claim.），文全体が意味をな
しません。特に，completeを使用している意味が理解困難となります。この
ような例は，日本語を機械的に直訳（あるいは文字通り機械により直訳）した
英文に非常に多く見られます。仮にcompleteとコンマを削除し，A claim
that contains a description of the subject matter without reference to any
other claim.とすると，上記コンマ有りの英文と同じ意味になり，意味の通
じる英文になります。
　このように，意図した内容をきちんと読み手に伝えることができるかどうか
は，コンマの有無を適切に選択できるかどうかにかかっている場合がありま
す。したがって，英文クレームの作成者は，コンマを自由自在に扱えることが
求められます。
　以上の点をリライトクレーム例で考えていきます。次の2つの英文は，同格
のコンマが含まれている本例の英文と，リライトクレーム例から同格のコンマ
を削除した英文です。

本例の英文（コンマ有り）：
cutting a meshed material into a pair of sheets and a string integral to
the pair of sheets, with the string connecting the pair of sheets to each
other;

本例の英文からコンマを削除した英文：
cutting a meshed material into a pair of sheets and a string integral to

the pair of <u>sheets with</u> the string connecting the pair of sheets to each other;

コンマ有りの英文では，with の前にコンマを設けています。with は付帯状況（〜状態で）を表すために使用しています。つまり，ここでは with を使うことによって「前記吊り片が一対の前記シートを繋いだ状態で」という状況を説明しています（付帯状況については［30］参照）。with の前にコンマを設けることにより，with 以降の状況が直前の説明と「非限定の同格」であることを示唆しています。

　具体的には，コンマ以前の説明は，［75］で解説しているように，「メッシュ状の生地を裁断して，一対のシート及び一対の前記シートと一体の吊り片にする」となっています。この説明と，コンマ以降の状況「前記吊り片が一対の前記シートを繋いだ状態で」は非限定の同格の関係にあります。つまり，「前記吊り片が一対の前記シートを繋いだ状態で」に対応する英文をコンマで導入することにより，この状況は仮に記載しなかったとしても直前の説明から導き出すことができるという状況だということを示唆しています。［36］で解説しているように，吊り片という１本の細長いものが一対のシートの両方に「一体形成されている」という説明が成されれば，おのずと吊り片が一対の袋構成シートを繋いでいることがイメージできます。

　これに対して，コンマ無しの訳文では with の前にコンマがありません。コンマがないということは，コンマ以降の状況「前記吊り片が一対の前記シートを繋いだ状態で」は，コンマ以前の説明を限定修飾しています（また，そのように解釈される可能性が高いといえます）。限定修飾（限定用法）とは，with 以降の状況が with 以前の説明にとって「必然的に導き出すことができない」「それが無いと全体の説明が完結しない」ということです。つまり，with 以前の説明から with 以降の状況を必然的に導き出すことができない場合，英文スタイルのルールにしたがって，with 以降をコンマ無しで直接つなげる必要があります。

　しかし，上述のように，with 以前の説明「一対のシート及び一対の前記シートと一体の吊り片」から，with 以降の状況「前記吊り片が一対の前記シートを繋いだ状態で」を導き出せると考えられます。すなわち，with 以前の「一体」という限定が with 以降の「繋いだ」で言い換えられていると考えられるため，with 以前の説明にとって with 以降の状況は導き出せない状況でもなく，それがないと全体の説明が完結しないというものでもないと判断できます。し

たがって，ここでは with の前に同格のコンマが必要と考えられます。

このような理由で，リライトクレーム例ではコンマ有りの英文を採用しています。英文クレームライティングでは，技術内容と照らし合わせながら，コンマを使用すべきか使用してはいけないのかを慎重に検討する必要があります。

なお，[37] で解説しているように，非限定の同格，つまり当然の結果を表す際に whereby を使うという実務があります。具体的には，with 以降を whereby を使って書き換えると次のようになります。

… , whereby the string connects the pair of sheets to each other

しかし，同じく [37] で解説しているように，本書は whereby を使用しないという立場をとっているため，ここでも whereby は使用していません。

[78] モノクレームと方法クレームの対応部分を比べてみる

ここまで，方法クレーム 4 の第 1 の工程について検討し，次のようなリライトクレーム例を作成しました。

クレーム 4 の第 1 の工程：
cutting a meshed material into a pair of sheets and a string integral to the pair of sheets, with the string connecting the pair of sheets to each other;

クレーム 1 のリライトクレーム例でこれに対応する部分は次のようになっています。

クレーム 1 の対応箇所：
a string comprising the meshed material and integral to the pair of sheets, the string being folded over and connecting the pair of sheets to each other.

クレーム 4 とクレーム 1 とを比べてみると，クレーム 4 では … , with the string connecting the pair of sheets to each other のように with がついているのに対し，クレーム 1 では … and connecting the pair of sheets to each other となっており，with がついていません。これは，クレーム１の and connecting ... は冒頭の string についての説明をさらに追加するための独立分詞構文（[26] 参照）の働きをしているためです。これに対し，クレーム４では string を付帯状況の with とともに記載することで（... , with the string connecting ...），クレーム１のように string 自体の限定を加えるのではなく，with 以前の状況に説明を加えているといったニュアンスになっています。

特許英語の基本をチェック 18

as は誤解を招くことがある

　日本語明細書には，「～として」という表現が頻出します。それに対する英語として as が一般的に使用されています。しかし，as は使い方によっては誤解を招く可能性があるため注意が必要です。例えば，次のような日本語原文があるとします。

　装置 A は，内部エラーの検出手段としてセンサ１０を備える。

この原文の「として」に対して as を使用して英訳してみた例が次の英文です。

　The device A includes a sensor 10 as means for detecting an internal error.

　この英文は，as 以下が sensor 10 を示している，つまり，「sensor 10 = means for detecting an internal error」であることを意図して書かれていると思われますが，同時に，as 以下が device A を示している，つまり，「device A = means for detecting an internal error」という解釈の可能性も否定できない英文となっています。すなわち，装置 A が内部エラーの検出手段であって，そのような装置 A がセンサ１０であると解釈される余地のある英文となっています（ここでは，このような解釈が大きな問題を招くかどうかは考慮しないこととします）。これに対して，常識的に考えて検出手段がセンサ１０に対応しているに決まっているだろう，と指摘される向きもあることと思います。しかし，読み手による「常識的

な解釈」に頼った英文よりも，次のように誤解の可能性を低くするよう工夫をした英文の方が，特許英語としてはより適切であると思われます。

> The device A includes a sensor 10. The sensor 10 is means for detecting an internal error.

このように，誤解の可能性を低くするための工夫として，「短文」化（「複数文」化）が非常に有効です（p.102のコラム11も参照）。なお，上記原文を関係代名詞を使用して英訳することも考えられます。これについてもコラム11で考察しています。

Section 5 方法クレームにおける第2の工程

前回のSectionでは，請求項4における第1の工程に対応するリライトクレーム例の具体的な英語内容について解説しました。今回のSectionでは，第2の工程に対応する英文を作成していきます。

［79］工程の順番を示す表記（第2の工程）

【原文】<u>前記第1の工程の終了後に，</u>一方の前記袋構成シートの内側面に抽出原料をセットする第2の工程と，

【リライトクレーム例における対応部分】putting an infusion material onto an inner surface of one sheet of the pair of sheets;

リライトクレーム例では，第1の工程と同様に，原文の「第2の工程」は訳出せず，いきなり -ing の形式で始まっています（［68］参照）。また，原文冒頭の「前記第1の工程の終了後に，」も訳出していません。工程の順序をあえて限定するような表現は避けるようにしているという方針に基づいた対応です（［68］参照）。以下は，「前記第1の工程の終了後に，」を訳出しないことを提案しているコメント例です。

コメント例

［原文］

【請求項４】

…

　前記第１の工程の終了後に，一方の前記袋構成シートの内側面に抽出原料をセットする第２の工程と，

［忠実訳例］

　<u>after the first step</u>, a second step of setting an infusion material onto an inner surface of one of the pair of bag-constituting sheets;

［代替案（リライトクレーム例）］

　putting an infusion material onto an inner surface of one sheet of the pair of sheets;

［コメント］

　原文の「前記第１の工程の終了後に，」について，工程を実施する順番を限定する表現を避けるため，代替案のように「前記第１の工程の終了後に，」の訳出を省略することが考えられます。

---

［80］　上位概念を英英辞典で調べる

【原文】前記第１の工程の終了後に，一方の前記袋構成シートの内側面に抽出原料をセットする第２の工程と，

【リライトクレーム例における対応部分】<u>putting</u> an infusion material onto an inner surface of one sheet of the pair of sheets;

　次に，putting an infusion material … のように，「セットする」に対してput という動詞を使用しています。ここで原文通りの set（setting an infusion material …）とするか put とするかの違いによって重要な問題が起こるかどうかは不明ですが，本書では動詞を訳出する際に常に上位概念がないかを調べるようにしており，練習のために，set（「設定」の訳として多用される）の代

わりに put が使用できるか調べてみることにします。調べた結果，put が set の上位概念であると考えられたため，リライトクレーム例において put を使用しました。上位概念は，英英辞典を使って簡単に調べることができます。英英辞典では，単語がより簡単で意味の広い別の単語を使って説明されており，上位概念として使える単語が含まれていることが多いためです。例えば，set を OALD で調べてみると，"to put sth/sb in a particular place or position"[26] と定義されています。そして，この定義に含まれている put[27] が上位概念として使えるのではないだろうかと推測されます。これを確かめるために，OneLook（[23] 参照）を用いて他の複数種類の英英辞典で set を調べてみると，そのうちの多くで説明に put が使われていることがわかりました。

To put in a specified position or arrangement[28]
to put or place in position or into a specified state or condition[29]
to put someone or something in a position[30]

このように，英英辞典において set を定義するにあたり，複数種類の英英辞典で put が共通して使われているということは，put が set に対する説明用の単語として一般的に認識されていると考えられます。上述のように，英英辞典では，単語（set）がより簡単で意味の広い別の単語（put）で説明されているため，put を set の上位概念として使えると考えられます。そして，リライトクレーム例において上位概念を使用したことを次のようにコメントしています。

26 "set". Oxford Advanced Learner's Dictionary of Current English. Oxford University Press, 9th ed., 2015, p.1565.

27 "put". Oxford Advanced Learner's Dictionary of Current English. Oxford University Press, 9th ed., 2015, p.1251. ("to move sth into a particular place or position")

28 "set". The American Heritage Dictionary of the English Languageries. Houghton Mifflin Harcourt. https://www.ahdictionary.com/word/search.html?q=set

29 "set". Collins Free Online Dictionary. HarperCollins Publishers. https://www.collinsdictionary.com/dictionary/english/set

30 "set". MACMILLAN Dictionary. Springer Nature Limited. https://www.macmillandictionary.com/dictionary/american/set_1

コメント例

［原文］

【請求項４】

…

　前記第１の工程の終了後に，一方の前記袋構成シートの内側面に抽出原料を<u>セットする</u>第２の工程と，

…

［忠実訳例］

　after the first step, a second step of <u>setting</u> an infusion material onto an inner surface of one of the pair of bag-constituting sheets;

［代替案（リライトクレーム例）］

　<u>putting</u> an infusion material onto an inner surface of one sheet of the pair of sheets;

［コメント］

　原文の「セットする」について，代替案において，忠実訳の set の上位概念である put を使用しました。複数種類の英英辞典で，set が put を使用して定義されているため，put を set の上位概念として使用できると判断しました。

・to put sth/sb in a particular place or position (OALD, p.1565)

・To put in a specified position or arrangement

　(https://www.ahdictionary.com/word/search.html?q=set)

・to put or place in position or into a specified state or condition

　(https://www.collinsdictionary.com/dictionary/english/set)

・to put someone or something in a position

　(https://www.macmillandictionary.com/dictionary/american/set_1)

［81］on を使うと誤解を招く可能性があるときは onto を使う

【原文】前記第 1 の工程の終了後に，一方の前記袋構成シートの内側面に<u>抽出原料をセットする</u>第 2 の工程と，

【リライトクレーム例における対応部分】putting an infusion material <u>onto</u> an inner surface of one sheet of the pair of sheets;

putting と onto の間に挟まれている an infusion material は，原文の「抽出原料」に対応しており，この独立クレームにおいて初出のため不定冠詞 an をつけています（「抽出原料」を infusion material としたことについては ［34］参照）。

次に，an infusion material の直後に記載の onto は，冒頭の putting を受けたものです。つまり，この onto は，an infusion material をどこに put するかを示しています。onto は"used with verbs to express movement on or to a particular place or position"[※31] と定義されていることからわかるように動きを示唆しており，［69］で取り上げた into と同様，特に方法クレームで頻出する動きを伴う文脈で使用できます。

ここで，onto を on にして putting an infusion material on an inner surface of one sheet of the pair of sheets とすることも可能です。本書で on ではなく onto にした理由は，onto という動きのある表現を使うことにより，これが putting に対応しているということを明確にしたいと考えたからです。on でも putting と on が対応していることが十分に理解されるかもしれませんが，万が一，on が an infusion material の「現在位置」を示し，抽出原料がもともと袋構成シートの内側面上にあるように解釈される可能性も否定できません。このような誤解の可能性が少しでもある場合は，本例のように onto を使用しています。

［82］「絶対に備わっているもの」でも初出は a にする

【原文】前記第 1 の工程の終了後に，一方の前記袋構成シートの<u>内側面</u>に抽出原料をセットする第 2 の工程と，

---

31 "onto". Oxford Advanced Learner's Dictionary of Current English. Oxford University Press, 9th ed., 2015, p.1195.

【リライトクレーム例における対応部分】putting an infusion material onto <u>an inner surface</u> of one sheet of the pair of sheets;

次に an inner surface について見ていきます。an inner surface は原文の「内側面」に対応しています。シートには内側面と外側面が必ずあると思われるため, 内側面はシートの内的要素（[20] 参照）と考えられます。M.P.E.P. では, inner surface のように要素に潜在的に備わっているもの（つまり「絶対に備わっているもの」）については, 初出であっても the を使用してもよいとされています。

> M.P.E.P. §2173.05(e)
> Inherent components of elements recited have antecedent basis in the recitation of the components themselves. For example, the limitation 'the outer surface of said sphere' would not require an antecedent recitation that the sphere has an outer surface.[*32]

これに従うと, inner surface は初出であっても the inner surface とすることができます。しかし, 何が内的（inherent）かそうでないかについての判断基準が明確ではなく, またクレームにおいて the で導入するものについては, すべてそれ以前に同一のもの（antecedent basis）が記載されていなければならないと考える審査官もいるとされています[*33]。このような現状を考慮して, 本書では, 内的要素や内的特徴であっても, 初出で単数のものには不定冠詞 a または an を使用するようにしています。この方針にしたがって, an inner surface としました。

---

32 [R-08.2017]. (2017年8月に改定された版のM.P.E.P.であることを示す)

33 Faber, Robert C. "Chapter 3 Apparatus or Machine Claims", "§3:14 Antecedents; Indefiniteness ("A" Versus "The")". Faber on Mechanics of Patent Claim Drafting, 7th ed., Practising Law Institute, 2017. ("Does an engine always have a drive shaft? Does a bicycle always have wheels? Can we say these are inherent features that need not be introduced first as claim elements, for example, the engine having a drive shaft or the bicycle having wheels? Perhaps it is preferred for certain definiteness that any feature of a claimed element, no matter how likely to be inherent, should be positively recited if required in a claim, for example, the sphere having an outer surface, the bicycle having wheels." "Examiners at the U.S. Patent and Trademark Office have often been requiring antecedents for every element introduced with 'the' or 'said.' Providing antecedents always is thus preferable.").

【原文】前記第1の工程の終了後に，<u>一方の前記袋構成シート</u>の内側面に抽出原料をセットする第2の工程と，

【リライトクレーム例における対応部分】putting an infusion material onto an inner surface of <u>one sheet of the pair of sheets</u>;

次に，one sheet of the pair of sheets は，原文の「一方の前記袋構成シート」に対応しています。一対の袋構成シートのように2つあるもののうちの「一方」や，3つ以上あるもののうちの「1つ」を表現するときは，one ... of the -- と表現しています（3つ以上あるもののうちの1つの場合は one ... among the -- とも表現できます）。「...」「--」には同じ単語が入り，「...」は単数形，「--」は複数形にします。one of the pair of sheets のように one of the -- にすることも考えられますが，本書では，one <u>sheet</u> of the pair of sheets のように one の後に具体的な名詞を入れ，one が指すものを明確にするようにしています。こうすることのメリットとして，表記上の利便性が挙げられます。すなわち，one sheet という明確な先行詞（antecedent basis）ができたことにより，2回目以降に the one sheet と表記することに対して不明確性に関する問題が生じないのです。

最後に，本工程の最後は，putting an infusion material onto an inner surface of one sheet of the pair of sheets; のようにセミコロン「;」で終え，これにより前後の工程との区切りを示しています。

特許英語の基本をチェック 19

based on を適切な位置に配置する

based on は「〜に基づいて」という日本語原文に対応するものとして特許文書で多用されます。しかし，英文中において based on が不適切な位置に配置されると，何を修飾しているのかが不明確になる可能性があります。

例えば，次のような日本語原文があるとします。

NC装置10は，検出した値に基づいて加工ヘッド15に取り付けられ

た工具8を交換する必要があるかどうかを判断する。

　この原文において，「検出した値に基づいて」は「判断する」を修飾していますが，例えば次の訳例のように英訳すると，based on が determines を修飾しているのか，それとも replace を修飾しているのか，あるいは mounted を修飾しているのかがわかりにくくなります。したがって，修正例①，②のように，based on が determines を修飾していることが読み手に明確に伝わる位置に based on を配置することが推奨されます。

　訳例：The NC unit 10 determines whether it is necessary to replace the tool 8 mounted on the machining head 15 based on the value that has been detected.

　修正例①：The NC unit 10 determines, based on the value that has been detected, whether it is necessary to replace the tool 8 mounted on the machining head 15.

　修正例②：Based on the value that has been detected, the NC unit 10 determines whether it is necessary to replace the tool 8 mounted on the machining head 15.

　なお，「〜に基づいて」に対して based on を使用することは文法的に誤りであり，代わりに例えば on the basis of などの表現を使用すべきという意見があります[※1]。しかし，特許英語，特に英文クレームにおいては，on the basis of のように初出の basis に対して定冠詞 the をつけることに抵抗をもつ実務家がいるなどの理由により，based on が広く使用されています。

　また，原文の「加工ヘッド15に取り付けられた工具8」を the tool 8 mounted on the machining head 15 としています。一般的に，工作機械の加工ヘッドにはさまざまな工具が着脱可能に取り付けられるため，工具8も加工ヘッドに取り付けられている場合と取り付けられていない（取り外されている）場合とがあります。上記英文は，このような背景をもとにしています。仮に，工具8が加工ヘッド15に「常に」取り付けられる

ものである場合，上記英文は the tool 8, which is mounted on the machining head 15 のように書き直すことができます（",which" については【特許英語の基本をチェック9】参照）。

　また，原文の「検出した値」を the value that has been detected としています。これを the detected value としない方がいいと筆者は考えています。これについては，「受け取った信号」に関する文脈で［73］で解説しています。

※1：パケット, グレン. 科学論文の英語用法百科: 第1編 よく誤用される単語と表現. 京都大学学術出版会, 2017, p.126-129.

Section 6　方法クレームにおける第3の工程

　前回の Section では，請求項4における第2の工程に対応するリライトクレーム例の具体的な英語内容について解説しました。今回の Section では，第3の工程に対応する英文を作成していきます。

　なお，第2の工程と同様，第3の工程の原文にも「前記第2の工程の終了後に」「第3の工程」という工程の順番を示す記載がありますが，第2の工程と同様，リライトクレーム例ではこの記載は訳出していません（［79］参照）。

［84］「中央部」を middle portion とするか，middle とするか？

【原文】前記第2の工程の終了後に，<u>前記吊り片の中央部を折り曲げて，</u>一対の前記袋構成シートを重ね合わせる第3の工程と，

【リライトクレーム例における対応部分】<u>folding the string over</u> to superpose the pair of sheets onto each other; and

　原文とリライトクレーム例の下線部はお互いに対応しています。「中央部」を訳出していないことについては，［36］と［42］で解説しています。

　［36］に記載したコメント例において，「中央部」を middle portion と訳出した代替案を提示しました（at a middle portion of the string）。middle は "the part of something that is farthest from the sides, edges, or ends"[34]

と定義されており，世の中の多くの物に「絶対に備わっている」（[82] 参照）
と思われる「中央部」や「中央」を意味しています。したがって，middle の
みで原文の「中央部」を表現できると思われますが，middle にあえて por-
tion を加えて middle portion とすることにより，吊り片の「ど真ん中」だけ
でなくその周辺部もカバーすることを狙うという実務があります。実際に，本
書では，請求項1に記載の一対のシートの「周縁部」に対してこの実務を適用
し，perimeter portions としています（[29] 参照）。そして，「中央部」を
middle portion とした場合，その意図（middle portion を吊り片の「ど真ん
中」だけでなくその周辺部も含む概念としていること）を示すために，例えば
次のような説明文を明細書本文に加えることが考えられます。

> As used herein, the term "middle portion" is intended to include the
> middle of the string 11 and any portion disposed between one end and
> the other end of the string 11.

この説明文を，例えば，【発明を実施するための最良の形態】の冒頭
（【0016】）に対応する英文段落の最後に追加したり，中央部（11a）に
ついての説明が記載されている【0020】に対応する英文段落の最後に追
加することが考えられます（巻末2では [0016] に記載しています）。

これに対して，「中央部」を middle のみとし（portion を削除し），これに
「およそ」「約」などを表す副詞である approximately（あるいは substantially）
を組み合わせて「ほぼ中央部」といったニュアンスとすることにより，middle
portion と同じく吊り片の「ど真ん中」とその周辺部もカバーすることを狙う
という実務もあります（例：folding the string approximately at a middle
of the string）。本書では，クレームでは副詞を極力使用しないという立場を
とっていますが（[76] 参照），approximately や substantially，about など
の「およそ」を示す表現はクレームでも使用するという実務があり，使用する
場合，明細書本文において，例えば下記のようにこれらの表現の定義や判断基
準となる文言を記載するのがよいとされています[※35]。

> All words of approximation as used in the present disclosure and
> claims should be construed to mean "approximate," rather than

---

34 "middle". MACMILLAN Dictionary. Springer Nature Limited.
　https://www.macmillandictionary.com/dictionary/american/middle_1

"perfect," and may accordingly be employed as a meaningful modifier to any other word, specified parameter, quantity, quality, or concept. Words of approximation, include, yet are not limited to terms such as "substantial", "nearly", "almost", "about", "generally", "largely", "essentially", "closely approximate", etc. (https://patents.google.com/patent/US20160157589)

As used herein, words of approximation such as, without limitation, "about", "substantial" or "substantially" refers to a condition that when so modified is understood to not necessarily be absolute or perfect but would be considered close enough to those of ordinary skill in the art to warrant designating the condition as being present. The extent to which the description may vary will depend on how great a change can be instituted and still have one of ordinary skilled in the art recognize the modified feature as still having the required characteristics and capabilities of the unmodified feature. In general, but subject to the preceding discussion, a numerical value herein that is modified by a word of approximation such as "about" may vary from the stated value by at least ±1, 2, 3, 4, 5, 6, 7, 10, 12 or 15%. (https://patents.google.com/patent/US20160093491A1/en)

なお，approximately 等を使用せず，「中央部」を middle のみで表現し，middle を定義する次のような文章を明細書本文に記載するという実務もあります。

As used herein, the term "middle" refers to any portion of the string

---

35 Faber, Robert C. "Chapter 3 Apparatus or Machine Claims", "§3:19 Words of Approximation—"Substantially" et al.". Faber on Mechanics of Patent Claim Drafting, 7th ed., Practising Law Institute, 2017. ("Patent Office examiners have recently routinely rejected use of any size or comparative word as not defined in any claim, if the specification does not define that size or comparative word. Often the specification does not specify limits of or parameters for determining such a term. The fact that the word is used in common language to "soften" a precise limit is ignored. The author recommends not using words without definite limits in a claim, unless the criteria for their scope are stated in the specification.").

disposed between one end and the other end of the string.

---

［85］「AのBを折り曲げる」はAを目的語にした英文にする

［84］において，原文「前記吊り片の中央部を折り曲げて」の「中央部」を
訳出した例として folding the string approximately at a middle of the
string という英文を紹介しました。この英文では，folding の目的語が the
string になっています。つまり，原文「前記吊り片の中央部を折り曲げて」
に対して，上記英文は「前記吊り片をその中央部において折り曲げて」といっ
たニュアンスになっています。これは，「AのB（部分）を折り曲げる」とい
う日本語に対して，英語では「AをB（部分）において折り曲げる」と表現す
る方が自然だという理由から上記のような英文を作成しました（忠実訳例の第
3の工程でも，英語としての自然さを優先して同様の表現としました）。例え
ば，*Faber* には次のようなクレーム例が記載されています。

> a plurality of parallel legs, each leg is <u>connected pivotally at one
> end to the container and at the other end to the base</u> to support
> the container for oscillating movement with respect to the base;
> and[36]（下線は筆者による付加）

この例文では，leg がその一方端（one end）において container とつながり，
他方端（the other end）において base とつながっている，と表現されていま
す。つまり，主語はあくまでも leg であり，leg の一部分である「一方端」「他
方端」についてはそれぞれ「一方端において」「他方端において」というかた
ちで説明を付け加えています。日本語では「一方端が container とつながり，
他方端が base とつながっている」のように「一方端」「他方端」を主語にす
る方が自然ですが，英語では例文のように leg を主語にする方が自然です。こ
のように，英語ではモノの「部分」よりもモノ自体を主語や目的語にすること
が多いといえます。

---

36 Faber, Robert C. "Chapter 3 Apparatus or Machine Claims", "§3:1 In General". Faber
on Mechanics of Patent Claim Drafting, 7th ed., Practising Law Institute, 2017.

【原文】前記第2の工程の終了後に，前記吊り片の中央部を折り曲げて，一対の前記袋構成シートを<u>重ね合わせる</u>第3の工程と，

【リライトクレーム例における対応部分】folding the string over <u>to superpose</u> the pair of sheets onto each other; and

上記の to superpose は原文の「重ね合わせる」に対応しており，folding（折り曲げる）の目的であることを示すために to 不定詞としています。fold は，"to bend sth, especially paper or cloth, so that one part lines on top of another part"[※37]と定義されています。これからわかるように，fold には「曲げる＋重ねる」というニュアンスがあることから，「前記吊り片の中央部を折り曲げて，」と「一対の前記袋構成シートを重ね合わせる」には原因（あるいは動作）と結果という関係があると考え，この関係を to 不定詞で表現しました。これにより，英文は「〜を折り曲げることによって…を重ね合わせる」というような，折り曲げる動作は重ね合わせるまでを含んでいるニュアンスとなっています。[69]で解説しているように，本例でも動作（folding）が先に来て，その後に to 不定詞を伴った結果（to superpose）が来る，という「動作→結果」の順序にしています。

ここで，上記第3の工程に係る原文を，上述のような「動作→結果」の関係を明確にしないかたちで英文にするという実務もあります。具体的には，次のような英文になります。

folding the string over and superposing the pair of sheets onto each other; and

この英文では，folding と superposing が互いに独立した動作として記載されており，両者に「動作→結果」の関係があるかどうかは明確にされていません。このような書き方が好まれることもあり，また技術的により適切な場合もあります。本例では，このように folding と superposing を互いに独立したかたちにはせず，上述のように「動作→結果」の関係を明確にして folding ... to superpose とすることにより，folding と superposing を1つの動作とし

---

37 "fold". Oxford Advanced Learner's Dictionary of Current English. Oxford University Press, 9th ed., 2015, p.605.

て表現しています。

---

［87］ onto each other について

【原文】前記第2の工程の終了後に，前記吊り片の中央部を折り曲げて，一
　　対の前記袋構成シートを重ね合わせる第3の工程と，

【リライトクレーム例における対応部分】folding the string over to
　　superpose the pair of sheets <u>onto each other</u>; and

　訳文の onto each other は，superpose を受けたもので，意味を明確にする
ために必要な表現として加えています。仮に，onto each other を省略して to
superpose the pair of sheets のみにすると，一対の袋構成シートを何か別の
ものに重ね合わせるかのような誤解を招く可能性も否定できないため，onto
each other を加えることで，一対の袋構成シート<u>同士</u>を重ね合わせることを
明確にしています。このように，「前置詞＋each other」は明確性を確実なも
のにする役割を果たす重要な表現であると筆者は考えています（［28］も参
照）。

　なお，上記訳文の最後は，「; and」となっています。これは，第3の工程は
最後から2番目の工程のため，... onto each other; and のようにセミコロン
「;」の後に and をつけ足すのが一般的なクレーム形式だからです。これは，
クレーム1のようなモノクレームにおいて，最後から2番目の構成要素を「;
and」で終わらせるのと同じ形式です（［35］参照）。

特許英語の基本をチェック 20

「判定する」の「判定」は「判定結果」の先行詞とはならない

　日本語明細書には，方法クレームなどにおいて「判定」という表現が使
用されることがあります。今回は，「判定」にまつわる英語表現の注意点
について見ていきます。

　例えば，次のような日本語クレームがあるとします。

　　コーヒーとエスプレッソのどちらが選択されたかを判定するステッ
　プと，

コーヒーが選択されたときに，判定結果をモニタの第1エリアに表示するステップと，
　　エスプレッソが選択されたときに，判定結果を前記モニタの第2エリアに表示するステップ
　　を有することを特徴とする方法。

　このクレームでは，「判定」が1行目において「判定する」という動詞形で使用され，2, 3行目において「判定結果」という名詞形で使用されています。つまり，「判定」が異なるステップにおいて異なる品詞で使用されています。両者とも同じ「判定」という漢字が使用されているため，同じものを意味すると見なされるのが一般的です。しかし，英訳の際は，「判定する」（determine）と「判定結果」（a determination result）が同じものと理解することを読み手に期待するよりも，両者の対応関係をより直接的に表現した方が好ましいといえます。
　例えば，1行目の「判定する」を「判定を行う」と修正して「判定」を名詞化し，2, 3行目の「判定結果」を「前記判定の結果」とすることにより，すべての「判定」が同じものであることを明確にすることが考えられます。
　また，「判定」に関連した注意点として，2, 3行目の「コーヒー（またはエスプレッソ）が選択されたときに」の英訳にも工夫が必要です。これをそのまま when the coffee has been selected と英訳すると，「表示」はコーヒーが選択された「時点」で行うのか，それともコーヒーが選択されてから多少時間が空いてから行ってもいいのかが曖昧になります。さらに，"when …"は時間を表すのではなく，コーヒーが選択された「場合」を意図している可能性もあり，読み手を混乱させます。このような事態を避けるために，原文を例えば「コーヒー（エスプレッソ）が選択されたことを前記判定の結果が示したときに」と捉え直すことによって「場合」であることを明確にし，これをもとに英文を作成することが考えられます。
　ここまで検討したことを考慮して上記原文を修正すると，例えば次のようになります。

　　コーヒーとエスプレッソのどちらが選択されたかの判定を行うス

テップと,

　コーヒーが選択された<u>ことを前記判定の結果が示したとき</u>に, <u>前記判定の結果</u>をモニタの第1エリアに表示するステップと,

　エスプレッソが選択された<u>ことを前記判定の結果が示したとき</u>に, <u>前記判定の結果</u>を前記モニタの第2エリアに表示するステップ

　を有することを特徴とする方法。

これをもとに英訳した例が次の英文です。

A method comprising:
performing a determination as to whether coffee or espresso has been selected;
when the determination shows that the coffee has been selected, displaying the determination in a first area of a monitor; and
when the determination shows that the espresso has been selected, displaying the determination in a second area of the monitor.

なお, 「コーヒーが選択されたとき」の「とき」は一定の広がりのある時間帯や「場合」を表し, 漢字の「時」は点としての時刻を表すことにより, 「とき」と「時」を使い分けるという実務があります。

Section 7　方法クレームにおける第4の工程

　前回の Section では, 請求項4における第3の工程に対応するリライトクレーム例の具体的な英語内容について解説しました。今回の Section では, 最後の工程である第4の工程に対応する英文を作成していきます。

　なお, 第2〜第3の工程と同様, 第4の工程の原文にも「前記第3の工程の終了後に」「第4の工程」という工程の順番を示す記載がありますが, リライトクレーム例ではこの記載は訳出していません([79] 参照)。

【原文】前記第3の工程の終了後に，一対の前記袋構成シートの周縁部同士を熱圧着して，前記抽出原料を内包した袋体を形成する第4の工程と，

【リライトクレーム例における対応部分】bringing perimeter portions of the pair of sheets into close contact with each other to keep the infusion material held between the pair of sheets, so as to form a body comprising the infusion material in the body.

訳文の下線部において，bringing ... into contact with -- は，「... を -- に接触させる」という能動的な表現で，動きを伴う方法クレームに相応しい表現と判断して使用しました。これをモノクレームであるクレーム1の対応部分（リライトクレーム例）と比べてみます。

（クレーム1）with perimeter portions of the pair of sheets in so close contact with each other that an infusion material is held between the pair of sheets

（クレーム4）bringing perimeter portions of the pair of sheets into close contact with each other to keep the infusion material held between the pair of sheets

クレーム1では，構造説明のために，動きを示唆するような表現を極力避けて静的な状態を表現しようと努めました。これに対して，クレーム4では，動きを示唆する表現 bringing, into を使い，クレーム1で説明される構造ができあがるまでの工程に伴う動きを表現しました。

また，同様の考えから，close contact の close の程度を説明している部分（each other より後の文章表現）においてもクレーム1とクレーム4の間で違いをもたせました。具体的には，クレーム1では so close contact with each other that an infusion material is held between ... のように so ... that ... 構文を使用しています。これにより，that 以下が節（主語＋動詞または be 動詞）になります。そして，that 以下を be 動詞を使って an infusion material is held between ... とすることで，静的な状態を表現しました。

これに対して，クレーム4では，close の程度を to 不定詞を使って説明しています。具体的には，to keep the infusion material held between ... とし

て，「抽出原料が一対の袋構成シートの間に保持され続けるようにするため（保持され続けるような程度に）」としています。このように，方法クレームであるクレーム4では，to keep … という能動的なニュアンスを出しました。結果として，クレーム4はクレーム1に比べて動きを感じさせる英文になっています。ただし，クレーム4の

bringing perimeter portions of the pair of sheets into close contact with each other to keep the infusion material held between the pair of sheets

は，so … that … 構文を使用して

bringing perimeter portions of the pair of sheets into so close contact with each other that an infusion material is held between the pair of sheets

としても，動きを伴う工程の説明として十分に使用可能と思われます。

　[33] で解説しているように，close などの形容詞や副詞は相対的な表現，つまりその捉え方が読み手によって変わりうる表現のため，その程度や定義とともに示す必要があります。クレーム1では so … that … 構文を使い，クレーム4では to 不定詞を使用して close の程度を説明しています。

［89］非限定の同格かどうかチェックする方法

【原文】前記第3の工程の終了後に，一対の前記袋構成シートの周縁部同士を熱圧着して，前記抽出原料を内包した袋体を形成する第4の工程と，

【リライトクレーム例における対応部分】bringing perimeter portions of the pair of sheets into close contact with each other to keep the infusion material held between the pair of sheets, so as to form a body comprising the infusion material in the body.

　so as to は「〜するために」という意味で，目的や結果を表現するときによく使用されます。ここでは，直前の文章全体 "bringing perimeter portions 〜〜 the pair of sheets" の結果を意図しています。つまり，一対の前記袋構成シートの周縁部同士を密着させ，抽出原料が一対の袋構成シートの間に保持され続けるようにしたことにより，抽出原料を内包した袋体が形成された，という結果を表しています。

　ここで，「前記抽出原料を内包した袋体を形成する（form a body comprising

the infusion material in the body）」は，抽出原料が一対の袋構成シートの間に保持され続けるように袋構成シート同士を密着させることからくる当然の結果（または言い換え）を表しているといえます。袋構成シート同士を密着させて間に抽出原料を挟んだものは，抽出原料を内包した袋体にほかならないからです。この当然の結果を示唆するために，..., so as to のように so as to の直前にコンマを加えています。このコンマは，「非限定の同格」を表しており（[77] 参照），ここにコンマを入れることにより，to keep ... で始まる「抽出原料が一対の袋構成シートの間に保持され続けるようにする」と，それに続く so as to ... で始まる「前記抽出原料を内包した袋体を形成する」は同格の関係であることを示しています。

　非限定の同格を表すコンマを入れるべきかどうかの判断は，コンマ以降の限定を削除しても意味が通じるかどうかチェックすることによって行うことができます。本例では，コンマ以降の限定である "..., so as to form a body comprising the infusion material in the body"（前記抽出原料を内包した袋体を形成する）がなくても，ほぼ同じことが第1の工程から第4の工程の so as to ... 以前までに説明されています。so as to ... 以降に a body（袋体）という不定冠詞 a を使った限定が登場しており，一見，新しい限定であるように見えますが，a body は一対の袋構成シートを重ね合わせたものをこのように言い換えているものと思われ，その構造である "(a body) comprising the infusion material in the body" はそれまでの工程を通してすでに説明されています。このように，so as to ... 以降はそれまでの工程を通してできた構造を改めて繰り返しているだけであることがわかり ..., so as to ... のように非限定の同格を表すコンマが必要だと判断できます。

［90］「形成」は訳出すべき場合と訳出不要の場合とがある

【原文】前記第3の工程の終了後に，一対の前記袋構成シートの周縁部同士を熱圧着して，前記抽出原料を内包した袋体を形成する第4の工程と，

【リライトクレーム例における対応部分】bringing perimeter portions of the pair of sheets into close contact with each other to keep the infusion material held between the pair of sheets, so as to <u>form</u> a body comprising the infusion material in the body.

　「袋体を形成する」の「形成する」を form（"to make something into a

particular shape"[※38]）としています。「形成」は，特許明細書において頻出の用語であり，本例のように，form が一般的に使用されます。ただし，文脈によっては「形成」を訳出する必要のない場合があることに注意が必要です。例えば，「A は B よりも小さく形成されている」という文章があるとします。ここでは，A と B はともに材料が加工を経ることによって現在の A と B に「形成された」と仮定します。この場合，上記文章は，A と B が形成された後の状態を表しており，「形成されている」のは当然であると思われるため，あえて訳出する必要はないと考えられます。したがって，英訳は A is smaller (in size) than B. とすることができます。同様の例として，「A は略円筒形に形成されている」を A has an approximately cylindrical shape. にするなどがあります。このほかにも「形成」に関する例は枚挙にいとまがなく，原文に「形成する」「形成されている」などが含まれている場合，これらが本当に訳出の必要があるかどうか吟味する必要があります。

特許英語の基本をチェック 21

changedは変更前？　変更後？

　日本語明細書には，「変更」という表現が使用されることがあります。今回は，「変更」という表現を英訳する際の注意点について見ていきます。
　例えば，次のような日本語原文があるとします。

　仮のパスワードを別のパスワードに変更し，変更したパスワードで再度ログインする。

この原文を直訳調に英訳してみた例が次の英文です。

Change the temporary password to another password and log in again with the changed password.

　上記原文の「変更したパスワード」は，場合によっては「変更後のパス

---

38 "form". Cambridge Dictionary. Cambridge University Press.
　https://dictionary.cambridge.org/dictionary/english/form

ワード」となっていることがありますが，この場合も上記と同様に英訳されることが多いと思われます。そして，上記英訳には不明確な点があり，それは最後の the changed password という表現です。すなわち，この changed がパスワードの変更後を表しているのか変更前を表しているのかわかりにくくなっています。文脈から変更後を表しているに決まっているだろう，と指摘される向きもあることと思いますが，【特許英語の基本をチェック18】で解説したのと同様に，特許英語では読み手による常識的な解釈に頼ることなく，誰が読んでも誤解のない表現を使用すべきです。本例では，例えば次のように修正することが考えられます。

修正例①：Change the temporary password to another password and log in with the another password.

修正例②：Change the temporary password to a new password and log in with the new password.

修正例①では，原文の「変更したパスワード」を the another password と表現しています。見栄えに問題のある表現かもしれませんが，変更後のパスワードであることを明確に示しており，上記の不明確性は解消されています。修正例②では，原文の「別のパスワード」を a new password とし，「変更したパスワード」を the new password と表現しており，これにより上記の不明確性は解消されています。修正例②では，原文に記載のない new という単語を使用しているため，new の使用可否について依頼主と相談することが推奨されます。

なお，今回は「変更」を例にとって英訳の注意点を見てきましたが，「変換」についても上記注意点が当てはまります。すなわち，「変換された」「変換後の」を converted と訳すと，「変換前の」の意味にとられかねないため，「変換後の」の意味であることを明確にする工夫が必要です。

Chapter 5

従属クレーム〜方法クレーム編〜

【請求項5】

　前記抽出原料は，圧縮固形化されていることを特徴とする請求項4に記載の飲料バッグの製造方法。

忠実訳例

　5.　The method for producing the beverage bag according to claim 4, wherein the infusion material is a compressed solid.

リライトクレーム例

　5.　The method according to claim 4, wherein the infusion material comprises a compressed solid.

　Chapter 4で，方法に関する独立項である請求項4をもとにしたリライトクレーム例についての解説が終わりました。Chapter 5では，請求項4に従属する請求項5に対応する英文クレームを作成していきます。なお，モノに関する従属クレーム2, 3（Chapter 3）と共通する事項についての解説（例えば，冒頭を定冠詞 The で始めるなど）は，この Chapter では適宜省略することとします。

---

[91] according to claim ... が何を修飾しているかを明確にする

【原文】 前記抽出原料は，圧縮固形化されていることを特徴とする請求項4に記載の飲料バッグの製造方法。

【忠実訳例】 The method for producing the beverage bag <u>according to</u> claim 4, wherein the infusion material is a compressed solid.

【リライトクレーム例】 The method <u>according to</u> claim 4, wherein the infusion material comprises a compressed solid.

　クレーム4（独立クレーム）は A method for producing a beverage bag, ... としていましたが，従属クレーム5のリライトクレーム例は The method according to claim 4, ... としています。つまり，クレーム4に記載されていた method の修飾句 for producing a beverage bag を省略しています。方法クレームの従属クレームにおいて，主語である method の修飾句をわざわざ記載しないという実務があり，本書でもこれに倣っています。したがって，方法クレームの従属クレームは，常に The method according to claim 番号，... のような形式にしています。

この形式にすることにより，according to claim 4が method を修飾していることが明確になります。すなわち，忠実訳例では，The method for producing the beverage bag according to claim 4, ... のように method の修飾句を省略することなく訳出していますが，この例では according to claim 4が method を修飾しているのか，それとも直前の the beverage bag を修飾しているのか曖昧になります。この曖昧さをなくす意味でも，The method according to claim 番号，... は好まれる形式です（巻末付録2 **[0040]** の FIG. 3A に関する英文も参照）。

なお，「請求項4に記載の」の「記載の」は according to で統一し，「請求項」は claim のようにすべて小文字（無冠詞）にしています（[45] 参照）。そして，The method according to claim 4, wherein ... のようにクレーム番号の後にコンマ「,」を入れ，wherein を続けています。wherein の後は必ず the infusion material comprises ... のように節（主語＋動詞）になります。

---

［92］方法の従属クレームにおける工程の追加方法

【原文】前記抽出原料は，圧縮固形化されていることを特徴とする請求項4に記載の飲料バッグの製造方法。

【リライトクレーム例】The method according to claim 4, <u>wherein</u> the infusion material comprises a compressed solid.

リライトクレーム例では，The method according to claim 4, wherein ... のように wherein を使用していますが，方法クレームにおいてもモノクレームと同様に，従属クレームで further comprising を使用する場合があります。それは，従属先クレームの主語である method がさらに別の工程を有していることを説明する場合です（モノクレームの場合については [48] 参照）。この場合，原文では「A工程をさらに備えていることを特徴とする請求項4に記載の飲料バッグの製造方法。」のように記載されます。これに対する

英文クレームは,

The method according to claim 4, further comprising -ing.

のように, comprising の後に「動詞＋ing」が続くようにします。仮に「A, B, C, D工程をさらに備えていることを特徴とする請求項4に記載の飲料バッグの製造方法。」のように, 複数の工程を追加する場合は, comprising の後ろにコロン「:」をつけ, 次のように工程ごとに「セミコロン＋改行」にして記載します。

The method according to claim 4, further comprising:

doing ...;

doing ...;

doing ...; and

doing ... .

各 doing は実際にはより具体的な動詞になります。further comprising: の直後で改行し, スペースを設け（本書では4スペース）, doing のように動詞を小文字で始めます。

［93］「状態」を表しているのか「動き」を表しているのかを判断する

【原文】前記抽出原料は, 圧縮固形化されていることを特徴とする請求項4に記載の飲料バッグの製造方法。

【リライトクレーム例】The method according to claim 4, wherein the infusion material comprises a compressed solid.

次に,「圧縮固形化されている」を the infusion material comprises a compressed solid と訳しています。これは, モノクレームであるクレーム3の wherein 以下と同一の英文になっています。

【請求項3】

前記抽出原料は, 圧縮固形化されていることを特徴とする請求項1又は請求項2に記載の飲料バッグ。

3. The beverage bag according to claim 1, wherein the infusion material comprises a compressed solid.

[58] においてクレーム3の該当部分について解説している通り，原文の「圧縮固形化されている」は「圧縮固形化された状態である」ことが示唆されており，さらには「圧縮された固形である」と第2日本語化することができます。上記英文は，この第2日本語がもとになっています。これについて，[58] の解説を方法クレームの観点から補足します。原文の「前記抽出原料は，圧縮固形化されている」を直訳した例を以下に挙げます。

（1）the infusion material is compressed and solidified
（2）the infusion material is compressed in solid form

　（1）（2）とも，上記第2日本語の適切な英訳とはなっておらず，（a）抽出原料が圧縮固形化された後の「状態」を表しているのか，それとも（b）まだ圧縮固形化されていない状態の抽出原料をこれから圧縮固形化する工程を表しているのか不明確になっています（（a）（b）の両方に解釈できる英文となっています）。仮に（b）の工程が意味されている場合，（1）（2）を（b）の意図をより明確した英文に修正すると，例えば comprising compressing the infusion material into a solid のようになります。しかし，[58] で検討したように，原文の「圧縮固形化されている」は「圧縮された固形である」を意味しており，また，明細書の実施形態における関連部分を確認すると，請求項5は請求項3と同様，（a）の「状態」が意図されていることがわかります。具体的には，段落【0031】には次のような記載があります。

　　　前記（i）第1の工程の終了後に，図3（c）に示すように，一方の袋構成シート7の内側面（図3（c）において紙面に向かって表側面）に抽出原料として圧縮固形化された紅茶葉 M をセットする。

　この説明において，「抽出原料として圧縮固形化された紅茶葉 M をセットする」とあるように，抽出原料は始めから圧縮固形化された状態で一方の袋構成シート7の内側面にセットされると説明されています。また，「図3（c）に示すように」とあるように，図3（c）に圧縮固形化された抽出原料のイメージが記載されています（実際の図面では，「図3（c）」の（c）であるべき表記が（b）になっています）。

図3

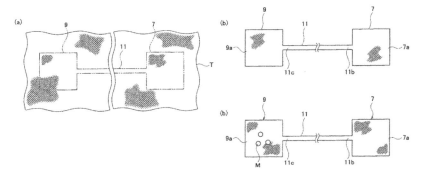

　このように，クレームの意図が（a）の「状態」であることを明細書の実施形態で確認した上で，（a）を表現したのが the infusion material comprises a compressed solid です。[19]で解説しているように，クレームでは「…は〜である」の「〜である」を comprise で表現するという実務があり，ここでもこれに倣って comprise を使用しています。

　なお，この点に関しては，忠実訳例でもリライトクレーム例でも同じように対応しています（両方とも a compressed solid という表現を使用しています）。つまり，忠実訳例において，原文「前記抽出原料は，圧縮固形化されている」を直訳して the infusion material is compressed and solidified のようにするのではなく，「原文の意図に忠実に訳す」という方針のもと，the infusion material is a compressed solid としています。

特許英語の基本をチェック 22

四則演算に関する表現

　特許明細書には四則演算（加算：addition，減算：subtraction，乗算：multiplication，除算：division）に関する表現が頻出します。加算で得られた結果を和（sum, summation），減算で得られた結果を差（difference），乗算で得られた結果を積（product），除算で得られた結果を商（quotient）といいます。次のような日本語原文があるとします。

　　X は，A に B を加算して Y に送る。

XがYに送るのは，AにBを加算したもの，つまりAとBの和であるため，原文には「和」という表現が隠れています。この場合，英訳では the sumという表現を補足して次のようにすることが考えられます。

X adds B to A and sends the sum to Y.

また，原文に「和」が隠れている代わりに，「結果」という表現が使用されていることがあります。

（1）Xは，AにBを加算して加算結果をYに送る。

（2）Xは，AにBを加算した結果をYに送る。

1の「加算結果」と2の「結果」は，どちらもAとBの和を指し，1は上記と同じ英訳にすることが考えられます。2の場合は，AとBの加算を行うのがXであることが明確に記載されていないことから，少なくとも3つの可能性が考えられ，これらに合わせた3つの英訳候補が考えられます。

一つ目の可能性として，AとBの加算を行うのがXである場合は1と同じ意味であり，英訳も1と同じになります（下記3）。二つ目として，AとBの加算を行うのがX以外であり，2の説明の前にすでにAとBの加算が行われ和が求められている場合は，英訳は下記4のようになります。三つ目として，加算を行う主体を明示したくない何らかの事情があり，かつ2の説明の前にAとBの加算が行われていない（和が求められていない）場合は，英訳は下記5のようになります。

（3）X adds B to A and sends the sum to Y.

（4）X sends the sum (of A and B) to Y.

（5）X sends a (the) sum of A and B to Y.

3において，the sumの定冠詞theは，AとBの和は1つしかない，といった「特定感」を示しており，実際にAとBの和は1つしかないため，定冠詞を伴ってthe sumと表現することにより，原文の意図が読み手に明確に伝わるようになっています。ただし，クレームにおいては，lack of antecedent basis（[82] 参照）の問題があることを考慮して，筆者はいきなりthe sumとしないように工夫しています。例えば，最初にa sum of A and Bやa sum obtained by adding B to Aのように表現し，それ以降はthe sumとすることが考えられます。

Chapter 6
補足説明

Chapter 5で，すべての請求項に対応する英文クレームの作成が終わりました。Chapter 6では，応用的な実務に関する説明と，補足説明をしていきます。なお，以下の応用的な実務は，これまでのリライトクレーム例を採用した場合を想定したものとなっています。

［94］全クレーム数が 20 以下の場合は，従属クレームを作って追加する

これまで見てきた英文クレームの総数は，［55］で解説した追加クレーム6を加えて6となっています（巻末付録2参照）。［57］で解説しているように，USPTO では，全クレーム数が20を超えると追加料金が発生します（37 C.F.R. §1.16(j)）。言い換えると，全クレーム数が20を超えない限り，クレーム数に関する追加料金は発生しません（ただし，全クレーム数が20以下であっても，独立クレームの数が3を超えると別の追加料金が発生します［37 C.F.R. §1.16(h)]）。したがって，全クレーム数が20を超えない範囲で，原文には含まれていないクレームを追加することが可能です（この実務の根拠については，p.8「忠実訳例をリライトできる根拠について」を参照）。以下，実際にどのようなクレームを追加できるかを見ていきます。

［95］独立クレームを作ったときに除外した限定を使って従属クレームを作る

新たに追加するクレームとして，まず，それまでのリライトクレーム例を作成するにあたり，限定しすぎているとして記載しなかったまたは修正して記載した内容を従属クレームとして追加することが考えられます。具体例をいくつか見ていきましょう。

まず，［12］において，請求項1の原文「メッシュ状の合成樹脂からなる一対の袋構成シート」の「メッシュ状の合成樹脂」を「メッシュ状の素材」と上位概念化しました（つまり，「合成樹脂」を「素材」に修正して訳出しました）。これを踏まえ，「素材」を「合成樹脂」に限定するクレームを作成し，クレーム1に従属するクレーム7として追加することが考えられます。

7. The beverage bag according to claim 1, wherein the meshed material

comprises a synthetic resin.

　クレーム7のように，クレームを追加するときは，全体で最後にあたるクレーム（本例ではクレーム6）の次に追加して順番通りになるようにクレーム番号をつけるという実務があり，本書もこれに倣っています（上記例ではクレーム番号「7」）。

　クレーム7と同様に，方法に関する独立項である請求項4についても，リライトクレーム例において「合成樹脂」を「素材」としたため，「素材」を「合成樹脂」に限定する方法クレームを作成し，クレーム4に従属するクレーム8として追加することが考えられます。

8.　The method according to claim 4, wherein the meshed material comprises a synthetic resin.

　また，[13]において，請求項1に記載の「熱圧着」を「密着」というより広い表現に修正し，これをもとにリライトクレーム例を作成しました。したがって，「密着」を「熱圧着」に限定するクレームを作成し，クレーム1に従属するクレーム9として追加することが考えられます。

9.　The beverage bag according to claim 1, wherein the perimeter portions of the pair of sheets are bonded to each other by thermo-compression bonding.

　ここで，「熱圧着」はクレーム7に記載した「合成樹脂」に対応していると考えられるため（[13]参照），クレーム9の内容をクレーム7に組み込むことができます。

7′.　The beverage bag according to claim 1,
　　　wherein the meshed material comprises a synthetic resin, and
　　　wherein the perimeter portions of the pair of sheets are bonded to each other by thermo-compression bonding.

　同様に，方法に関する独立項である請求項4についても，「熱圧着」を「密着」としたリライトクレーム例を作成しているため，「密着」を「熱圧着」に

限定する方法クレームを作成し，これを上記クレーム 8 に組み込むことが考えられます。

8 ′.　The method according to claim 4,
　　　wherein the meshed material comprises a synthetic resin, and
　　　wherein the perimeter portions of the pair of sheets are bonded to each other by thermo-compression bonding.

　ただし，クレーム 8 の最終段落 "wherein the perimeter portions of the pair of sheets are bonded to each other by thermo-compression bonding" は，一対の前記袋構成シートの周縁部同士が熱圧着されている状態を表しているのか，それとも周縁部同士を熱圧着するという行為を表しているのかが判断しづらい英語表現となっています。方法クレームであるクレーム 8 においては後者が意図されていることは明らかであり，このことをより明確にするために，上記英文を次のように書き直すことが考えられます。

8 ″.　The method according to claim 4,
　　　wherein the meshed material comprises a synthetic resin, and
　　　wherein the bringing step comprises bonding the perimeter portions of the pair of sheets to each other by thermo-compression bonding.

　このように，方法の従属クレームにおいて従属先の工程を具体化（限定）するときは，the bringing step comprises のように具体化したい工程の冒頭（-ing 形）に step をつけて the -ing step の形にし，comprises の後に -ing 形で具体的な工程を記載するという実務があり，本書もこれに倣っています。

［96］明細書の開示から従属クレームを作る

　新たに追加するクレームとして，明細書本文の開示内容のうち，クレームに記載されていない内容（クレームされていない内容）を主題にした従属クレームを作成して追加することが考えられます。これを行うにあたり，明細書本文や図面などを熟読し，クレームできそうな限定がないか検討する作業をします。ここでは一例を取り上げます。

【0019】には，次のような記載があります。

　　一対の袋構成シート7，9は，それぞれポリプロピレンメッシュ等の
　　メッシュ状の合成樹脂からなるものである。

　この記載から，「ポリプロピレン」は請求項1，4に記載の「メッシュ状の合
成樹脂」の一例（下位概念）であることがわかります。したがって，合成樹脂
をポリプロピレンに限定する従属クレームを作成して追加することが考えられ
ます。ここで，合成樹脂をクレームしているのは，［95］で作成した従属ク
レーム7，8であることから，ポリプロピレンをクレームする従属クレーム
は，クレーム7に従属するクレーム9（モノクレーム）と，クレーム8に従属
するクレーム10（方法クレーム）とすることが考えられます。

9.　The beverage bag according to claim 7, wherein the synthetic resin
comprises polypropylene.

10.　The method according to claim 8, wherein the synthetic resin
comprises polypropylene.

　明細書本文などをもとに従属クレームの候補を検討する作業を行うと，実に
さまざまな候補が挙がってきます。以下は，これらの追加クレーム候補を提案
しているコメント例です。

コメント例

［追加できるクレーム例］
7.　The beverage bag according to claim 1,
　　wherein the meshed material comprises a synthetic resin, and
　　wherein the perimeter portions of the pair of sheets are bonded to
each other by thermo-compression bonding.

8.　The method according to claim 4,
　　wherein the meshed material comprises a synthetic resin, and
　　wherein the bringing step comprises bonding the perimeter

portions of the pair of sheets to each other by thermo-compression bonding.

9.　The beverage bag according to claim 7, wherein the synthetic resin comprises polypropylene.

10.　The method according to claim 8, wherein the synthetic resin comprises polypropylene.

［コメント］
　全クレーム数が20以下であるため，従属クレームを作成して追加する余地があります。例として上記の従属クレームを作成しました。
　クレーム7,8は，リライト例の独立クレームで原文の「合成樹脂」を「素材」に，「熱圧着」を「密着」に上位概念化したのを受けて，「素材」と「密着」をそれぞれ「合成樹脂」と「熱圧着」に限定したものです。
　クレーム9,10は，【0019】に記載の「ポリプロピレンメッシュ等のメッシュ状の合成樹脂」の「ポリプロピレン」を，クレーム7,8の「合成樹脂」の下位概念としてクレームしたものです。

なお，上記クレーム例7～10は，モノクレーム（7,9）と方法クレーム（8,10）が入れ子状態となっているため，次のようにモノクレーム同士と方法クレーム同士をまとめて配置することも考えられます。

7.　The beverage bag according to claim 1,
　　wherein the meshed material comprises a synthetic resin, and
　　wherein the perimeter portions of the pair of sheets are bonded to each other by thermo-compression bonding.

8.　The beverage bag according to claim 7, wherein the synthetic resin comprises polypropylene.

9.　The method according to claim 4,
　　wherein the meshed material comprises a synthetic resin, and

wherein the bringing step comprises bonding the perimeter portions of the pair of sheets to each other by thermo-compression bonding.

10. The method according to claim 9, wherein the synthetic resin comprises polypropylene.

［97］機能的クレームについて

新たに追加するクレームとして，35 U.S.C. §112(f)（以下，「§112(f)」）に規定される機能的クレームを追加するという実務もあります。以下，機能的クレームの概要について解説します。

機能的クレームとは，モノクレームの場合はミーンズ・プラス・ファンクションクレーム，方法クレームの場合はステップ・プラス・ファンクションクレームとも呼ばれ，構成要素の具体的な構造や材料（モノクレームの場合）または工程で行われる具体的な行為（方法クレームの場合）を記載する代わりに，機能のみを記載するクレーム形式のことをいいます。

具体的には，機能的クレームは§112(f)で次のように規定されています。

(f) Element in claim for a combination.

An element in a claim for a combination may be expressed as a means or step for performing a specified function without the recital of structure, material, or acts in support thereof, and such claim shall be construed to cover the corresponding structure, material, or acts described in the specification and equivalents thereof.

【参考日本語訳】

組合せに係るクレームの構成要件は，特定の機能を実行するための構造，材料または行為を記載することなく，その特定の機能を遂行するための手段または工程として記載することができ，そのクレームは，明細書に記載された対応構造，材料または行為，およびそれらの均等物を保護すると解釈される。

この条文には，ミーンズ・プラス・ファンクションクレーム（モノクレームの場合。以下，MPF）に関する規定と，ステップ・プラス・ファンクション

クレーム（方法クレームの場合。以下，SPF）に関する規定が混在していま
す。以下，両者を区別して見ていきます。米国特許実務で問題になるのは
MPFであることが圧倒的に多いため，まずMPFについて説明し，そのあと
にSPFについて説明します。

　MPFは，モノクレームにおいて構成要素をその構造または材料を説明する
形式で記載すると（このような記載をwhat it is[1]といいます），その構成要
素が必要以上に狭くなってしまう可能性がある場合や，ソフトウェアなど構造
の説明が難しい場合などに，構成要素をその構造または材料ではなく機能
（function）を説明する形式で記載することをいいます（このような記載を
what it does[1]といいます）。

　例えば，「ボルト」をa boltではなく"means for fastening"と機能表現
にすることが考えられます（meansは無冠詞が一般的[2]）。このように，MPF
は"means for -ing"という形式になっており，機能が動名詞で記載されま
す（means for以外の表現もあります[3]）。上記§112(f)の条文において，
means, structure（構造）, material（材料）がMPFに対応する用語と解釈さ
れています[4]（同じく§112(f)において，stepとactsが後述するSPFに対応
する用語と解釈されています[5]）。したがって，上記条文をMPFにフォーカ
スした内容に修正すると（SPFに対応するstepとactsを削除すると），次の
ようになります。

> MPFにフォーカスした§112(f)：
>
> An element in a claim for a combination may be expressed as a
> means ~~or step~~ for performing a specified function without the
> recital of structure, material, ~~or acts~~ in support thereof, and such
> claim shall be construed to cover the corresponding structure,
> material, ~~or acts~~ described in the specification and equivalents

---

1　*In re Swinehart*, 439 F.2d 210 (C.C.P.A. 1971).

2　Rosernberg, Morgan D. Essentials of Patent Claim Drafting, 2019 ed., LexisNexis, 2018, §2.06, p.30. ("… the 'means' are not listed with an 'a' in front of them.").

3　M.P.E.P. §2181(I)A [R-08.2017]. ("'mechanism for,' 'module for,' 'device for,' 'unit for,' 'component for,' 'element for,' 'member for,' 'apparatus for,' 'machine for,' or 'system for.'").

4　*O.I. Corp. v. Tekmar Co*. 115 F.3d 1576 (Fed. Cir. 1997) ("structure and material go with means").

5　同上. ("acts go with steps.").

thereof.

　この条文の前半の An element から support thereof まででは，構成要素を MPF 形式（means for -ing）で記載することを許可する規定が記されています。これに対して後半の such 以下の文では，MPF 形式の使用に条件が設けられています。すなわち，MPF は明細書本文に記載されている対応構造または材料およびその均等物（「明細書本文に記載されている対応構造の類似物」という意味）をカバーする，つまりそれらに限定される，と規定されています。つまり，§112(f) は機能的クレームの使用を許可する（§112(f) の前半部分）と同時に，機能的クレームのカバーする範囲が広くなりすぎないように範囲に制限を設けており（§112(f) の後半部分），「機能表現の使用及び権利範囲の間の均衡を図っている」[6]といえます。

　MPF のこのような性質により，明細書本文に対応構造が1つしか記載されていない場合，MPF がカバーする装置等はその1つの対応構造およびその類似物に限定されます。これに対して，明細書本文に多種多様な対応構造が記載されている場合，MPF は通常の構造クレームよりも幅広い装置等をカバーできるとされています。このため，MPF を利用する場合，対応構造の充実が通常の構造クレームよりも好ましいと考えられます。MPF の適用（MPF と解釈されること）を避けたい場合には，条文に記載されているフレーズである means for をクレームの構成要素に使用しない，あるいは means という語自体を使用しない[7]，または，これらの用語を用いつつ，その構成要素が行う機能の構造を，その構成要素を定義する限定の中に含める実務が一般的になっています。

　MPF に対し，方法クレームの場合の機能的クレームである SPF は，工程をその工程において最終的に実現したい結果を表す機能[8]のみで記載（多くは step for -ing 形式で記載）し，その機能をどのように実現するかを示す行

6　小野康英. "連載・米国特許法解説；第5回：米国特許法の基本～M.P.E.P.の法規範性（その2）～". 米国特許翻訳社ホームページ. 2019. http://beikokupat.com/us-patent/number5/

7　Faber, Robert C. "Chapter 3 Apparatus or Machine Claims", "§3:29.4 Reciting a Structure That Performs the Function". Faber on Mechanics of Patent Claim Drafting, 7th ed., Practising Law Institute, 2017. ("... the easiest way to avoid section 112(f) is just not to use 'means' in a product claim or 'step' in a method claim, or a nonce word.").

8　*Seal-Flex, Inc. v. Athletic Track and Court Construction*, 172 F.3d 836 (Fed. Cir. 1999) ("In general terms, the 'underlying function' of a method claim element corresponds to what that element ultimately accomplishes in relationship to what the other elements of the claim and the claim as a whole accomplish.").

為[※9]を記載しないクレーム表現形式のことをいいます。上述のように，§112(f) において step と acts が SPF に対応する用語とされていることから，§112(f) を SPF にフォーカスした内容に修正すると（MPF に対応する means, structure, material を削除すると），次のようになります。

> SPFにフォーカスした§112(f)：
>
> An element in a claim for a combination may be expressed as a ~~means or~~ step for performing a specified function without the recital of ~~structure, material, or~~ acts in support thereof, and such claim shall be construed to cover the corresponding ~~structure, material, or~~ acts described in the specification and equivalents thereof.

この条文では，MPF と同様，前半で SPF 形式（step for -ing）の使用を許可する規定が記され，後半において，SPF 形式を許可する代わりに，SPF 形式で記載された工程が明細書本文に記載されている行為（acts）とその類似物に限定されると規定されています。MPF の場合と同様に，SPF の適用を避けたい場合には，条文に記載されており，方法クレームにおいて SPF と認定される可能性が高い[※10]フレーズである step for を使用しない，あるいは step という語自体を使用しない[※7]という実務が行われています。

このように，機能的クレームは，構造的な記載をせずに，means 等を使った機能的な記載によって構成要素を限定するクレーム形式であり，実務では機能的クレームを避ける場合と，逆に機能的クレームを意図的に使用する場合とがあります。

また，機能的クレームと機能的クレームではないクレームという２種類のクレームを１つの出願に記載するという実務もあります。この実務には，次のような目的やメリットがあるとされています。

> ・§112(f) によりクレームが限定的に解釈されることを利用して，特許になった後に無効化されにくいクレームにする。[※11]

9　同上.（"'Acts,' on the other hand, correspond to how the function is accomplished."）.

10　同上.（"The phrase 'step for' in a method claim raises a presumption that §112, ¶6 applies."）.

・現在の判例法では予測できないことが将来起こることを想定して，機能的クレームを含む多種類の独立クレームを作っておく。[※12]

Faber も，1つの出願に通常形式のクレームとミーンズ形式のクレームの両方を記載することを推奨しています。

Practical advice to a claim writer who wants to avoid section 112(f) is not to use claims with "means" or "step" in them. Alternatively, supply two sets of claims, one with "means" or "step" limits and one using generic nouns and verbs. As to the former group of claims, this will demonstrate an intent to invoke section 112(f), and the contrary for the latter group of claims.[※13]

【参考日本語訳】

§112(f) を避けたい場合の実務的アドバイスとしては，クレーム中に means や step を使用しないことが挙げられる。あるいは，2つのクレームを用意し，一方のクレームでは means または step による限定を使用し，他方のクレームでは通常の名詞及び動詞を使用する。前者のクレームは§112(f) の適用を意図し，後者のクレームはその逆を意図したものである。

本書では具体例には触れませんが，機能的クレームを作成して追加するという実務も行われています。

[98] スペースを設けてクレームを見やすくする

1. A beverage bag comprising:

a body comprising a pair of sheets comprising a meshed material, the

---

11 横山昌史. ワシントン発スマート米国特許戦略：第4回 機能的クレーム―明細書改良の重要性. The Invention. 2017, No.3, p.63.

12 特集<<判例研究>>: インタビュー: 米国特許弁護士森昌康氏に聞く: 米国における判例と実務. パテント. 2006, Vol. 59 No. 9, p.20.
https://system.jpaa.or.jp/patents_files_old/200609/jpaapatent200609_018-028.pdf.

13 Faber, Robert C. "Chapter 3 Apparatus or Machine Claims", "§3:29.19 Step-for Elements". Faber on Mechanics of Patent Claim Drafting, 7th ed., Practising Law Institute, 2017.

pair of sheets being superposed on each other with perimeter portions of the pair of sheets in so close contact with each other that an infusion material is held between the pair of sheets; and

　　　a string comprising the meshed material and integral to the pair of sheets, the string being folded over and connecting the pair of sheets to each other.

　このクレーム1のように，クレーム番号は左端から数スペース（本書では4スペース）離して配置し，直後にピリオド「.」を入れ，ピリオドからさらに4スペース離して英文クレームを始めています。構成要素や工程を列挙する際は，同じくそれぞれ左端から4スペース離して始めています。このように，特定の箇所にスペースを設けることにより，構成要素などの始点を明確にできるなど，読み手にとってより見やすい形式になっています。

　本書で採用している「4スペース」について，クレーム形式に関して4スペースという規定はありませんが，37 C.F.R. §1.52(b)(6) において，明細書の段落番号とそれに続く文章の間に4スペース相当のスペースを設けるという規定があります[*14]。これはクレームの形式とは関係のない規定ですが，本書ではクレームにおいてもこの規定を参考にして4スペースを採用しています。

　なお，本例では登場しませんでしたが，構成要素自体が別の要素を有する場合があります。この場合，別の要素を4スペースよりも多いスペースを設けて記載することにより，構成要素と別の要素とを識別しやすいようにするという実務があります。この場合，あまり複雑な形式にならないように注意することが必要です（以下参照）。

　　　M.P.E.P. §608.01(m)[*15]

　　　There may be plural indentations to further segregate subcombi-

---

14　37 C.F.R. §1.52(b)(6). ("Other than in a reissue application or reexamination proceeding, the paragraphs of the specification, other than in the claims or abstract, may be numbered at the time the application is filed, and should be individually and consecutively numbered using Arabic numerals, so as to unambiguously identify each paragraph. The number should consist of at least four numerals enclosed in square brackets, including leading zeros (e.g., [0001]). The numbers and enclosing brackets should appear to the right of the left margin as the first item in each paragraph, before the first word of the paragraph, and should be highlighted in bold. A gap, equivalent to approximately four spaces, should follow the number.").（下線は筆者による追加）

15　[R-07.2015].（2015年7月に改訂された版のM.P.E.P.であることを示す）

nations or related steps. In general, the printed patent copies will follow the format used but printing difficulties or expense may prevent the duplication of unduly complex claim formats.

［99］クレームとクレームの間を1行空ける

　クレームとクレームの間は1行空けて，クレーム同士の境目を明確にしています。これについても特定の規定に基づいているわけではありませんが，こうすることにより，読み手により見やすい印象を与えることを目的としています。

特許英語の基本をチェック 23

応用編：離れているものを関係づけるテクニック

　特許英訳には，離れているもの同士を関係づけるというテクニックがあります。これは，簡潔かつ説得力のある英文を書くためにはぜひ身につけたいものです。以下，非常にシンプルな文章を例にとって見ていきます。
　次のような日本語原文があるとします。

　ヘラ100は，弾性を有する素材で形成されており，ヘラ100を壁部200に押し付けて方向Aへ移動させるとたわむように構成されている。

この原文を直訳調に英訳してみた例が次の英文です。

The spatula 100 is made of an elastic material, and when the spatula 100 is pressed against the wall 200 and moved in direction A, the spatula 100 bends.

　この英訳でも問題はないと思われますが，原文をよく見ると，「弾性を有する素材」が「たわむ」ことを可能にしていることがわかります。この2つは原文ではお互いに離れた箇所にありますが，実は密接な関係にあり，この関係を盛り込んだ英文にすることによってより簡潔になり，かつ

説得力が増します。

1：The spatula 100 is made of an elastic material that enables the spatula 100 to bend when the spatula 100 is pressed against the wall 200 and moved in direction A.

2：The spatula 100 is made of a material elastic enough to enable the spatula 100 to bend when the spatula 100 is pressed against the wall 200 and moved in direction A.

文脈によっては，次のようにしてもよいかもしれません。

The spatula 100, (which is) made of an elastic material, bends when the spatula 100 is pressed against the wall 200 and moved in direction A.

以上のような英文は，想像力を駆使して関連づけられるものがないか検討しながら作成していきます。その際，技術的に不正確な英文にならないよう注意する必要があります。

参考文献

・伊東国際特許事務所編. 伊東忠彦, 伊東忠重監修. 特許明細書の書き方　改訂8版. 経済産業調査会, 2016.（現代産業選書, 知的財産実務シリーズ）.

・伊東忠重, 大貫進介, 山口昭則, 吉田千秋, 鶴谷裕二, 加藤隆夫. 日米欧中で通用するクレームドラフティング（その1）. 知財管理. 2014, 64(2), p.191-208.

・伊東忠重, 大貫進介, 山口昭則, 吉田千秋, 鶴谷裕二, 加藤隆夫. 日米欧中で通用するクレームドラフティング（その2）（完）. 知財管理. 2014, 64(3), p.319-327.

・大坂雅浩. 改正法対応米国特許手続ハンドブック～フォームを用いた解説が分かりやすい～. 発明推進協会, 2013.

・小川勝男, 金子紀夫, 齋藤幸一. 技術者のための特許実践講座　技術範囲を最大化し, スムーズに特許を取得するテクニック. 森北出版, 2017.

・Kaeriyama, Toshiyuki. 米国特許 米国特許商務庁へEFS-Web出願から登録まで[Kindle version]. Amazon Services International, Inc., 2014.

・岸本芳也. 知財戦略としての米国特許訴訟. 日本経済新聞出版社, 2016.

・ヘンリー幸田. 米国特許法逐条解説　第6版. 発明推進協会, 2013.

・小西友七編. 現代英語語法辞典　小型版. 三省堂, 2011.

・瀬戸賢一. 日本語のレトリック　文章表現の技法. 岩波書店, 2015.（岩波ジュニア新書）.

・飛田茂雄. 英米法律情報辞典. 研究社, 2002.

・服部健一. 新米国特許法　対訳付き　増補版. 発明推進協会, 2014.

・深見特許事務所編. 改訂増補外国特許実務を考慮したクレームと明細書の作成. 経済産業調査会, 2013.（現代産業選書, 知的財産実務シリーズ）.

・藤田節子. レポート・論文作成のための引用・参考文献の書き方. 日外アソシエーツ, 2009.

・丸島敏一. MPEPの要点が解る米国特許制度解説　第3版. エイバックズーム, 2015.

・山下弘綱. 米国特許実務　米国実務家による解説. 経済産業調査会, 2017.（現代産業選書, 知的財産実務シリーズ）.

・山田康生. やさしいことはいいことだ！！特許明細書をやさしく書くための文章術. 発明協会, 1990.

・綿貫陽, マーク・ピーターセン. 表現のための実践ロイヤル英文法. 旺文社, 2013.

・Columbia Law Review Association, Harvard Law Review Association, University of Pennsylvania Law Review, Yale Law Journal, ed. The Bluebook: A Uniform System of Citation, 20th ed., Harvard Law Review Association, 2016, 560p.

・Daulton. Julie R. "Five General Principles of Method Claiming". Merchant & Gould. https://www.merchantgould.com/portalresource/Five-General-Principles-of-Method-Claiming.pdf

・Kitch, Paul R. Step-Plus-Function: Just What Have We Stepped Into?, 7J. MARSHALL REV. INTELL. PROP. L. 117 (2007).

・Souter, Keith. The Tea Cyclopedia: A Celebration of the World's Favorite Drink. Skyhorse Publishing, 2013, 224p.

・Uhl, Joseph Wesley. The Art and Craft of Tea: An Enthusiast's Guide to Selecting, Brewing, and Serving Exquisite Tea. Quarry Books, 2015, 160p.

・United States Patent and Trademark Office. Claim Interpretation: Broadest Reasonable Interpretation (BRI) and the Plain Meaning of Claim Terms. https://www.uspto.gov/sites/default/files/documents/bri%20and%20plain%20meaning.pptx

(54)【発明の名称】飲料バッグ及びその製造方法

(57)【要約】

【課題】ティーバッグ1の製造作業の煩雑化を十分に抑えて、ティーバッグ1の生産性を飛躍的に向上させること。

【解決手段】

メッシュ状の合成樹脂からなる一対の袋構成シート7，9を重ね合わせた状態で、一対の袋構成シート7，9の周縁部7ａ，9ａ同士を熱圧着することによって構成された袋体5と、一対の袋構成シートを繋ぐように一体形成されかつ中央部が折り曲げられた吊り片11と、を備えたこと。

【選択図】 図1

【特許請求の範囲】

【請求項1】

カップ内に飲料を抽出する際に用いられる飲料バッグにおいて、

メッシュ状の合成樹脂からなる一対の袋構成シートを重ね合わせた状態で、一対の前記袋構成シートの周縁部同士を熱圧着することによって構成され、抽出原料を内包した袋体と、

一対の前記袋構成シートを繋ぐように一体形成され、メッシュ状の合成樹脂からなり、中央部が折り曲げられた吊り片と、

を備えたことを特徴とする飲料バッグ。

【請求項2】

前記吊り片は、ループ状に構成されていることを特徴とする請求項1に記載の飲料バッグ。

【請求項3】

前記抽出原料は、圧縮固形化されていることを特徴とする請求項1又は請求項2に記載の飲料バッグ。

【請求項4】

カップ内に飲料を抽出する際に用いられる飲料バッグを製造するための製造方法において、

メッシュ状の合成樹脂からなる生地を裁断して、一対の袋構成シート及び一対の前記袋構成シートを繋ぐ吊り片を一体形成する第1の工程と、

前記第1の工程の終了後に、一方の前記袋構成シートの内側面に抽出原料をセットする第2の工程と、

前記第2の工程の終了後に、前記吊り片の中央部を折り曲げて、一対の前記袋構成シートを重ね合わせる第3の工程と、

前記第3の工程の終了後に、一対の前記袋構成シートの周縁部同士を熱圧着して、前記抽出原料を内包した袋体を形成する第4の工程と、

を備えたことを特徴とする飲料バッグの製造方法。

【請求項5】

前記抽出原料は、圧縮固形化されていることを特徴とする請求項4に記載の

飲料バッグの製造方法。

【発明の詳細な説明】

【技術分野】

【0001】

　本発明は、カップ内に紅茶、日本茶、ウーロン茶又はコーヒー等の飲料を抽出する際に用いられる飲料バッグ及びその製造方法に関する。

【背景技術】

【0002】

　近年、ティーバッグ（飲料バッグの1つ）にいて種々の開発がなされており（特許文献1及び特許文献2参照）、市販されている一般的なティーバッグの構成等は、次のようになる。

【0003】

　即ち、一般的なティーバッグは、抽出原料としての茶葉を内包した袋体を備えており、この袋体は、透水性の不織布又は不織紙等からなるものである。また、袋体の上部には、吊り紐（下げ紐）の一端が取付られており、この吊り紐は、合成繊維からなるものである。更に、吊り紐の他端には、摘み片が取付られており、この摘み片は、紙からなるものである。

【0004】

　従って、摘み片を手で持って、袋体をカップ内に入れる。そして、取っ手を手で持った状態又は紐の一部をカップの外側に垂らした状態で、カップ内にお湯を注ぐ。これにより、紅茶等をカップ内に抽出することができる。

【特許文献1】特開2005-135791号公報

【特許文献2】特開2006-238906号公報

【発明の開示】

【発明が解決しようとする課題】

【0005】

　ところで、一般的なティーバッグにあっては、前述のように、透水性の不織布又は不織紙等からなる袋体に、合成繊維からなる吊り紐が取付けられているため、ティーバッグの製造に関する一連の工程の中に、袋体の形成に関する工程の他に、吊り紐を袋体に取付ける工程が加わることになる。そのため、ティーバッグの製造作業の煩雑化を招き、ティーバッグの生産性を飛躍的に向上させることが難しいという問題がある。

【0006】

　そこで、本発明は、前述の問題を解決することができる、新規な構成の飲料バッグ及びその製造方法を提供することを目的とする。

【課題を解決するための手段】

【0007】

　本発明の第1の特徴（請求項1に記載の発明の特徴）は、カップ内に飲料を抽出する際に用いられる飲料バッグにおいて、メッシュ状の合成樹脂からなる一対の袋構成シートを重ね合わせた状態で、一対の前記袋構成シートの周縁部同士を熱圧着することによって構成され、抽出原料（飲料原料）を内包した袋

体と、一対の前記袋構成シートを繋ぐように一体形成され、メッシュ状の合成
樹脂からなり、中央部が折り曲げられた吊り片と、を備えたことを要旨とす
る。
【0008】
　なお、前記飲料には、紅茶、日本茶、ウーロン茶、又はコーヒー等が含ま
れ、前記抽出原料には、紅茶葉、日本茶葉、ウーロン茶葉、又はコーヒー粉等
が含まれる。また、前記飲料バッグとは、ティーバッグを含む意である。
【0009】
　第1の特徴によると、前記吊り片の一部を手で持って、前記袋体を前記カッ
プ内に入れる。そして、前記吊り片の一部を手で持った状態又は前記吊り片の
一部を前記カップの外側に垂らした状態で、前記カップ内にお湯を注ぐ。これ
により、前記飲料を前記カップ内に抽出することができる。
【0010】
　また、前記袋体がメッシュ状の合成樹脂からなる一対の前記袋構成シートの
周縁部同士を熱圧着することによって構成され、メッシュ状の合成樹脂からな
る前記吊り片が一対の前記袋構成シートを繋ぐように一体形成されているた
め、前記飲料バッグの製造に関する一連の工程から、前述の一般的なティーバ
ッグの吊り紐に相当する前記吊り片を前記袋体に取付ける工程を省略すること
ができる。
【0011】
　本発明の第2の特徴（請求項2に記載の発明の特徴）は、第1の特徴に加え
て、前記吊り片は、ループ状に構成されていることを要旨とする。
【0012】
　本発明の第3の特徴（請求項3に記載の発明の特徴）は、第1の特徴又は第
2の特徴に加えて、前記抽出原料は、圧縮固形化されていることを要旨とす
る。
【0013】
　本発明の第4の特徴（請求項4に記載の発明の特徴）は、カップ内に飲料を
抽出する際に用いられる飲料バッグを製造するための製造方法において、メッ
シュ状の合成樹脂からなる生地を裁断することにより、一対の袋構成シート及
び一対の前記袋構成シートを繋ぐ吊り片を一体形成する第1の工程と、前記第
1の工程の終了後に、一方の前記袋構成シートの内側面に抽出原料（飲料原
料）をセットする第2の工程と、前記第2の工程の終了後に、前記吊り片の中
央部を折り曲げて、一対の前記袋構成シートを重ね合わせる第3の工程と、前
記第3の工程の終了後に、一対の前記袋構成シートの周縁部同士を熱圧着し
て、前記抽出原料を内包した袋体を形成する4の工程と、を備えたことを要旨
とする。
【0014】
　第4の特徴によると、メッシュ状の合成樹脂からなる前記生地を裁断して、
一対の前記袋構成シート及び前記吊り片を一体形成した後に、一対の前記袋構
成シートの周縁部同士を熱圧着して、前記抽出原料を内包した前記袋体を形成

するため、前記飲料バッグの製造に関する一連の工程から、前述の一般的なティーバッグの吊り紐に相当する前記吊り片を前記袋体に取付ける工程を省略することができる。

【発明の効果】

【0015】

本発明によれば、前記飲料バッグの製造に関する一連の工程から、前述の一般的なティーバッグの吊り紐に相当する前記吊り片を前記袋体に取付ける工程を省略できるため、前記飲料バッグの製造作業の煩雑化を抑えて、前記飲料バッグの生産性を飛躍的に向上させることができる。

【発明を実施するための最良の形態】

【0016】

（第1実施形態）

本発明の第1実施形態について図1及び図2を参照して説明する。

【0017】

ここで、図1は、本発明の第1実施形態に係るティーバッグの斜視図、図2は、本発明の第1実施形態に係るティーバッグの吊り片をカップの取っ手に引っ掛けた状態を示す斜視図である。

【0018】

図1及び図2に示すように、本発明の第1実施形態に係るティーバッグ1は、カップ3内に紅茶（飲料の一例）を抽出する際に用いられるものであって、飲料バッグの一つである。そして、本発明の実施形態に係るティーバッグ1の具体的な構成は、次のようになる。

【0019】

ティーバッグ1は、抽出原料として圧縮固形化された紅茶葉Mを内包した袋体5を備えている。また、袋体5は、一対の袋構成シート7，9を重ね合わせた状態で、一対の袋構成シート7，9の周縁部7a，9a同士を熱圧着することによって構成されてあって、一対の袋構成シート7，9は、それぞれポリプロピレンメッシュ等のメッシュ状の合成樹脂からなるものである。

【0020】

ティーバッグ1は、袋体5の他に、一対の袋構成シート7，9を繋ぐように一体形成された吊り片11を備えており、この吊り片11は、ポリプロピレンメッシュ等のメッシュ状の合成樹脂からなるものである。また、吊り片11の中央部11aは、折り曲げられてあって、吊り片11は、カップ3の取っ手13に係止できるようにループ状に構成されている。更に、吊り片11の両端部（一端部11bと他端部11c）は、熱圧着されている。

【0021】

続いて、本発明の第1実施形態の作用及び効果について説明する。

【0022】

吊り片11の一部を手で持って、袋体5をカップ3内に入れる。そして、吊り片11の一部を手で持った状態又は吊り片11の一部をカップ3の外側に垂らした状態で、カップ3内にお湯を注ぐ。これにより、紅茶をカップ3内に抽

出することができる。ここで、吊り片１１の一部をカップ３の外側に垂らす際に、吊り片１１をカップ３の取っ手に係止させておくことにより、カップ３内にお湯を注ぐ際に、吊り片１１全体がカップ３内に入ってしまうことを防止することができる。

【００２３】
　また、袋体５がメッシュ状の合成樹脂からなる一対の袋構成シート７，９の周縁部７ａ，９ａ同士を熱圧着することによって構成され、メッシュ状の合成樹脂からなる吊り片１１が一対の袋構成シート７，９を繋ぐように一体形成されているため、ティーバッグ１の製造に関する一連の工程から、前述の一般的なティーバッグの吊り紐に相当する吊り片１１を袋体５に取付ける工程を省略することができる。

【００２４】
　更に、抽出原料として紅茶葉Ｍが圧縮固形化されているため、ティーバッグ１を製造する際に、紅茶葉Ｍが袋構成シート７，９からはみ出すことを防ぐことができる。

【００２５】
　従って、本発明の第１実施形態によれば、ティーバッグ１の製造に関する一連の工程から、前述の一般的なティーバッグの吊り紐に相当する吊り片１１を袋体５に取付ける工程を省略することができる共に、ティーバッグ１を製造する際に、紅茶葉Ｍが袋構成シート７，９からはみ出すことを防ぐことができるため、ティーバッグ１の製造作業の煩雑化を十分に抑えて、ティーバッグ１の生産性を飛躍的に向上させることができる。

【００２６】
　また、吊り片１１をカップ３の取っ手１３に係止させておくことにより、カップ３内にお湯を注ぐ際に、吊り片１１全体がカップ３内に入ってしまうことを防止するため、ティーバッグ１の便利性を向上させることができる。

【００２７】
（第２実施形態）
　本発明の第２実施形態について図３及び図４を参照して説明する。

【００２８】
　ここで、図３及び図４は、本発明の第２実施形態に係るティーバッグの製造方法を説明する図である。

【００２９】
　図３及び図４に示すように、本発明の第２実施形態に係るティーバッグの製造方法は、第１実施形態に係るティーバッグ１を製造するための製造方法であって、飲料バッグの製造方法の一つである。そして、本発明の第２実施形態に係るティーバッグの製造方法は、次のような工程を備えている。

【００３０】
　(i)第１の工程
　図３（ａ）（ｂ）に示すように、裁断装置（図示省略）を用いて、ポリプロピレンメッシュ等のメッシュ状の合成樹脂からなる生地Ｔを裁断することによ

り、一対の袋構成シート７，９及び一対の袋構成シート７，９を繋ぐ吊り片
１１を一体形成することができる。
【００３１】
　(ii)第２の工程
　前記(i)第１の工程の終了後に、図３（ｃ）に示すように、一方の袋構成シ
ート７の内側面（図３（ｃ）において紙面に向かって表側面）に抽出原料とし
て圧縮固形化された紅茶葉Ｍをセットする。
【０２３２】
　(ii)第３の工程
　前記(ii)第２の工程の終了後に、図４（ａ）に示すように、吊り片１１の中
央部１１ａを折り曲げて、一対の袋構成シート７，９を重ね合わせる。
【０３３３】
　(iv)第４の工程
　前記(iii)第３の工程の終了後に、図４（ｂ）に示すように、熱圧着装置（図
示省略）を用いて、一対の袋構成シート７，９の周縁部７ａ，９ａ同士を熱圧
着すると共に、吊り片１１の一端部１１ｂと他端部１１ｃを熱圧着する。こ
れにより、圧縮固形化された紅茶葉Ｍを内包した袋体５を形成することができ
る。
【０３３４】
　以上により、ティーバッグ１の製造が終了する。
【０３３５】
　続いて、本発明の第２実施形態の作用及び効果について説明する。
【０３３６】
　メッシュ状の合成樹脂からなる生地Ｔを裁断して、一対の袋構成シート７，
９及び吊り片１１を一体形成した後に、一対の袋構成シート７，９の周縁部
７ａ，９ａ同士を圧着して、圧縮固形化された紅茶葉Ｍを内包した袋体５を形
成するため、ティーバッグ１の製造に関する一連の工程から、前述の一般的な
ティーバッグの吊り紐に相当する吊り片１１を袋体５に取付ける工程を省略す
ることができる。
【０３３７】
　また、抽出原料として紅茶葉Ｍが圧縮固形化されているため、ティーバッグ
１を製造する際、具体的には、一方の袋構成シート７の内側面に紅茶葉Ｍをセ
ットしたり又は一対の袋構成シート７，９を重ね合わせたりする際に、紅茶葉
Ｍが袋構成シート７，９からはみ出すことを十分に抑えることができる。
【０３３８】
　従って、本発明の第２実施形態によれば、ティーバッグ１の製造に関する一
連の工程から、前述の一般的なティーバッグの吊り紐に相当する吊り片１１を
袋体５に取付ける工程を省略することができる共に、ティーバッグ１を製造す
る際に、紅茶葉Ｍが袋構成シート７，９からはみ出すことを防ぐことができる
ため、ティーバッグ１の製造作業の煩雑化を十分に抑えて、ティーバッグ１の
生産性を飛躍的に向上させることができる。

【００３９】
　なお、本発明は、前述の実施形態の説明に限られるものではなく、例えば袋体５に封入する飲料原料として、紅茶葉の他に、日本葉、ウーロン茶葉、コーヒー等を用いる等、その他、種々の態様で実施可能である。また、本発明に包含される権利範囲は、これらの実施形態に限定されないものである。
【図面の簡単な説明】
【００４０】
【図１】本発明の第１実施形態に係るティーバッグの斜視図である。
【図２】本発明の第１実施形態に係るティーバッグの吊り片をカップの取っ手に引っ掛けた状態を示す斜視図である。
【図３】本発明の第２実施形態に係るティーバッグの製造方法を説明する図である。
【図４】本発明の第２実施形態に係るティーバッグの製造方法を説明する図である。
【符号の説明】
【００４１】
　　Ｍ　　　　　紅茶葉
　　Ｔ　　　　　生地
　　１　　　　　ティーバッグ
　　３　　　　　カップ
　　５　　　　　袋体
　　７　　　　　袋構成シート
　　７ａ　　　　周縁部
　　９　　　　　袋構成シート
　　９ａ　　　　周縁部
　　１１　　　　吊り片
　１１ａ　　　　中央部
　１１ｂ　　　　一端部
　１１ｃ　　　　他端部
　　１３　　　　取っ手

図1

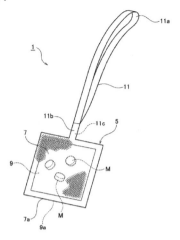

図2

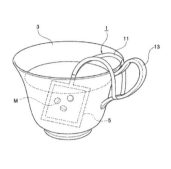

図3

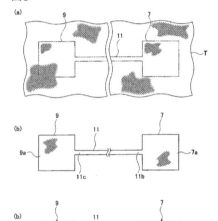

図4

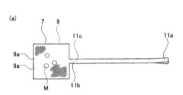

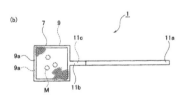

明細書本文の英訳例[*1]

TITLE OF THE INVENTION
BEVERAGE BAG AND METHOD FOR PRODUCING THE SAME
BACKGROUND OF THE INVENTION

Field of the Invention

[0001]　The present invention relates to a beverage bag and a method for producing the beverage bag.[*2]

Description of the Related Art

[0002]　JP2005-135791A and JP2006-238906A[*3] disclose tea bags (which are beverage bag examples).

[0003]　These and conventional tea bags include a body, a string, and a tag. The body contains tea leaves (which are infusion material examples), and is made of non-woven fabric, non-woven paper, or some other water-permeable material. The string (also referred to as hanging string or dangling string), made of synthetic fiber, is attached at one end to the body.[*4] The tag, made of paper, is attached to the other end of the string.

[0004]　To make tea in a cup, hold the tag and put the body into the cup. Then, keep holding the tag or hang the string outside the cup, and pour boiling water into the cup.[*5]

[0005]　Thus, a conventional tea bag includes a body (made of water-permeable material) and a string (made of synthetic fiber) attached to the body. This structure requires an additional step of attaching the string to the body to be performed after the step of forming the body in the process of producing the tea bag. The presence of the additional step makes the process more complicated and less productive than when the process is without the additional step.

[0006]　It is an object of the present invention to provide a beverage bag made by a process less complicated and more productive than the process of producing the conventional tea bag. It is another object of the present invention to provide a method for producing the beverage bag.[*6]

SUMMARY OF THE INVENTION

[0007]　According to one aspect of the present invention, a beverage bag includes a body and a string. The body includes a pair of sheets made of a meshed material. The pair of sheets are superposed on each other with perimeter portions of the pair of sheets in so close contact with each other that an infusion material is held between the pair of sheets. The string is made of the meshed material and integral to the pair of sheets. The string is folded over and connects the pair of sheets to each other.

[0008]　（用語の定義は【0016】にまとめて記載[*7]）

[0009]　（【0022】に同一の記載があるため訳出省略）

[0010]　（【0023】に同一の記載があるため訳出省略）

[0011]　（訳出省略※8)

[0012]　（訳出省略※9)

[0013]　According to another aspect of the present invention, a method for producing a beverage bag includes cutting a meshed material into a pair of sheets and a string integral to the pair of sheets, with the string connecting the pair of sheets to each other. An infusion material is put onto an inner surface of one sheet of the pair of sheets. The string is folded over to superpose the pair of sheets onto each other. Perimeter portions of the pair of sheets are brought into close contact with each other to keep the infusion material held between the pair of sheets, so as to form a body containing the infusion material in the body.

[0014]　（【0036】に同一の記載があるため訳出省略)

[0015]　（【0025】【0038】に同一の記載があるため訳出省略)

BRIEF DESCRIPTION OF THE DRAWINGS※10

[0040]　A more complete appreciation of the disclosure and many of the attendant advantages and features thereof can be readily obtained and understood from the following detailed description with reference to the accompanying drawings, wherein:

FIG. 1 is a perspective view of a tea bag according to a first embodiment of the present invention;

FIG. 2 is a perspective view of a cup with the string of the tea bag hooked around the handle of the cup;

FIG. 3A is a schematic illustrating a method according to a second embodiment of the present invention for producing a tea bag;

FIG. 3B is a schematic illustrating the method according to the second embodiment;

FIG. 3C is a schematic illustrating the method according to the second embodiment;

FIG. 4A is a schematic illustrating the method according to the second embodiment; and

FIG. 4B is a schematic illustrating the method according to the second embodiment.

DESCRIPTION OF THE EMBODIMENTS

First Embodiment

[0016]　The first embodiment of the present invention will be described with reference to FIGs. 1 and 2. As used herein, the term "beverage" is intended to encompass any drinking liquid, examples including, but not limited to, black tea, Japanese tea (green tea), oolong tea, and coffee. Also as used herein, the term "infusion material" is interchangeable with terms such as "extractable material" and "beverage-making material", and is intended to encompass any substance at least a portion of which is extracted into liquid, examples including, but not limited to, black tea leaves, Japanese tea (green tea) leaves, oolong tea leaves, coffee powder, and any other material suitable for consumption. Also as used herein, the term "beverage bag" is intended to encompass any porous bag used for beverage making purposes, a non-limiting example being a tea bag. Also as used herein, the term "cup" is intended to encompass any container in which a beverage can be made, examples including, but not limited to, a tea cup, a mug, and a pot. Also as used herein, the term "perimeter portion" of the sheet is intended to include the perimeter of the sheet and any portion offset from and proximate to the perimeter. Also as used herein, the term "middle portion" of the string is intended to include the middle of the string and any portion disposed between one end and the other end of the string. Also as used herein, the phrase "integral to the pair of sheets" is used to describe a state of connection between the string and the pair of sheets implemented by cutting a same single meshed material into the pair of sheets and the string connecting the pair of sheets to each other.[11]

[0017]   FIG. 1 is a perspective view of a tea bag 1 according to the first embodiment of the present invention, and FIG. 2 is a perspective view of a cup 3 with the string, 11, of the tea bag 1 hooked around the handle, 13, of the cup 3.

[0018]   As illustrated in FIGs. 1 and 2, the tea bag 1 according to the first embodiment (which is a non-limiting example of the beverage bag recited in the appended claims) is used to extract black tea in the cup 3 (black tea is a non-limiting example of the beverage recited in the appended claims). Specifically, the tea bag 1 according to the first embodiment has the following configuration.

[0019]   The tea bag 1 includes a body 5. The body 5 contains black tea leaves M (which are non-limiting examples of the infusion material recited in the appended claims). The black tea leaves M are compressed solids. The body 5 is made up of a pair of sheets 7 and 9 (which are non-limiting examples of the pair of sheets recited in the appended claims). The pair of sheets 7 and 9 are made of a polypropylene mesh (which is a non-limiting example of the meshed material recited in the appended claims). A polypropylene mesh, however, is not intended as limiting the material of the pair of sheets 7 and 9, which may be made of any other meshed or porous synthetic resin. The sheet 7 has a perimeter portion 7a, and the sheet 9 has a perimeter portion 9a. The perimeter portions 7a and 9a are in so close contact with each other that the black tea leaves M are held between the pair of sheets 7 and 9. In this embodiment, the close contact is implemented by thermo-compression bonding.

[0020]   The tea bag 1 also includes the string 11 (which is a non-limiting example of the string recited in the appended claims). The string 11 is made of the above-described meshed synthetic resin, is integral to the pair of sheets 7 and 9, and connects the pair of sheets 7 and 9 to each other. The string 11 has a loop shape formed by folding the string 11 over at a middle portion 11a of the string 11. The loop shape enables the string 11 to be hooked around the handle 13 of the cup 3. One end portion 11b and another end portion 11c of the string 11 are bonded to each other by thermo-compression bonding.

[0021] Description will be made with regard to an example of how the tea bag 1 according to the first embodiment is practiced in the making of tea.

[0022] First, hold the string 11 and put the body 5 into the cup 3. Then, keep holding the string 11 or hang the string 11 outside the cup 3, and pour boiling water into the cup 3. This makes the black tea leaves M infused in the cup 3 of boiling water. When the string 11 is hung outside the cup 3, the string 11 can be hooked around the handle 13 of the cup 3. This prevents the entirety of the string 11 from being drawn into the cup 3 by the incoming boiling water.

[0023] As described above, the body 5 and the string 11, which are made of the same meshed synthetic resin, are integral to each other. Specifically, the perimeter portions 7a and 9a of the pair of sheets 7 and 9 are bonded to each other by thermo-compression bonding with the string 11 connecting the pair of sheets 7 and 9 to each other. This configuration eliminates the need for the step of attaching the string 11 to the body 5 in the process of producing the tea bag 1, as opposed to the process of producing the above-described conventional tea bag.

[0024] Also in the first embodiment, the black tea leaves M (infusion material) are compressed solids made by compressing black tea leaves into solids. In solid form, the black tea leaves M are less likely to spill out of the pair of sheets 7 and 9 in the process of producing the tea bag 1.

[0025] Thus, there is no need in the first embodiment for the step of attaching the string 11 to the body 5 in the process of producing the tea bag 1, as opposed to the process of producing the conventional tea bag. Also in the first embodiment, the black tea leaves M are less likely to spill out of the pair of sheets 7 and 9 in the process of producing the tea bag 1. Accordingly, the process of producing the tea bag 1 is less complicated and more productive than the process of producing the conventional tea bag.

[0026] When the body 5 is put into the cup 3 and boiling water is poured into the cup 3, the string 11 can be hooked around the handle 13 of the cup 3. This prevents the entirety of the string 11 from being drawn into the cup 3 by the incoming boiling water. Accordingly, the tea bag 1 provides greater utility than the conventional tea bag.

Second Embodiment

[0027] The second embodiment of the present invention will be described with reference to FIGs. 3A through 4B.

[0028] FIGs. 3A through 4B are schematics illustrating the method according to the second embodiment.

[0029] As illustrated in FIGs. 3A through 4B, the method according to the second embodiment (which is a non-limiting example of the method recited in the appended claims) is a method for producing the tea bag 1 according to the first embodiment. Specifically, the method includes the following first to fourth steps.

(i) First Step

[0030] The meshed material T is made of a polypropylene mesh (which is a non-limiting example of the meshed material recited in the appended claims). As illustrated in FIGs. 3A and 3B, the meshed material T is cut using a cutting device (not illustrated) into a pair of sheets 7 and 9 and a string 11 integral to the pair of sheets 7 and 9, with the string 11 connecting the pair of sheets 7 and 9 to each other.

(ii) Second Step

[0031] Then, as illustrated in FIG. 3C, black tea leaves M (which are compressed solids and non-limiting examples of the infusion material recited in the appended claims) are put onto the inner surface of the sheet 9[*12] (which is the surface on this side of the plane of FIG. 3C).

(iii) Third Step

[0032] Then, as illustrated in FIG. 4A, the middle portion 11a of the string 11 is folded over to superpose the pair of sheets 7 and 9 onto each other.

(iv) Fourth Step

[0033] Then, as illustrated in FIG. 4B, the perimeter portions 7a and 9a of the pair of sheets 7 and 9 are bonded to each other by thermo-compression bonding using a thermo-compression bonding device (not illustrated), and one end portion 11b and another end portion 11c of the string 11 are bonded to each other by thermo-compression bonding using the thermo-compression bonding device. As a result, the body 5 containing the black tea leaves M is formed. Reference throughout this specification to "thermo-compression bonding" is not intended in a limiting sense, but is rather intended to refer to any means or method that makes the contact between the perimeter portions 7a and 9a close enough to ensure that the black tea leaves M are held between the pair of sheets 7 and 9.[*13]

[0034] Thus, the process of producing the tea bag 1 is completed.

[0035] Description will be made with regard to an example of how the method according to the second embodiment is practiced in the production of the tea bag 1.

[0036] The meshed material T, which is made of a meshed synthetic resin, is cut into the pair of sheets 7 and 9 and the string 11 connecting the pair of sheets 7 and 9. Thus, an integrated combination of the pair of sheets 7 and 9 and the string 11 is formed. Then, the black tea leaves M, which are compressed solids, are put onto the inner surface of the sheet 9, and the perimeter portions 7a and 9a of the pair of sheets 7 and 9 are bonded to each other by thermo-compression bonding. Thus, the body 5 containing the black tea leaves M is formed. This process eliminates the need for the step of attaching the string 11 to the body 5, as opposed to the process of producing the above-described conventional tea bag.

[0037] Also in the second embodiment, the black tea leaves M (infusion material) are compressed solids made by compressing black tea leaves into solids. In solid form, the black tea leaves M are less likely to spill out of the pair of sheets 7 and 9 in the process of producing the tea bag 1, especially when the black tea leaves M are put onto the inner surface of the sheet 9 or when the pair of sheets 7 and 9 are superposed onto each other.

[0038]   Thus, there is no need in the second embodiment for the step of attaching the string 11 to the body 5 in the process of producing the tea bag 1, as opposed to the process of producing the conventional tea bag. Also in the second embodiment, the black tea leaves M are less likely to spill out of the pair of sheets 7 and 9 in the process of producing the tea bag 1. Accordingly, the process of producing the tea bag 1 is less complicated and more productive than the process of producing the conventional tea bag.

[0039]   Although the invention herein has been described with reference to particular embodiments, it is to be understood that these embodiments are merely illustrative of the principles and applications of the present invention. It is therefore to be understood that numerous modifications may be made to the illustrative embodiments and that other arrangements may be devised without departing from the spirit and scope of the present invention as defined by the appended claims.

[0041]   (【符号の説明】は必須の項目でないため訳出省略)

※1　本英訳例における段落番号は原文の段落番号に対応しています（例：本英訳例の [0040] は、原文の【００４０】に対応）。

※2　"The present invention relates to" の後は，独立クレームの主語（「飲料バッグ」「飲料バッグの製造方法」）のみを記載するという実務に倣っています。つまり，原文の「カップ内に紅茶，日本茶，ウーロン茶またはコーヒー等の飲料を抽出する際に用いられる」は訳出を省略しています。

※3　特許文献は具体的な文献番号を記載するという実務に倣っています。これに合わせて，【０００４】における文献番号の訳出を省略しています。

※4　原文の「袋体の上部」の「上部」はここでは重要ではないと判断し（吊り紐が袋体のどこに取り付けられるかは重要ではないと判断し），訳出を省略しています。

※5　原文の「取っ手を手で持った状態」の「取っ手」は，この文脈においては「摘み片」の方がより適切と判断し，「取っ手」を「摘み片」に読み替えて訳出しています。

※6　原文の「前述の問題」を明確にした英訳としています（ただし，発明の目的は記載しないという実務もあります）。

※7　用語の定義は【発明を実施するための最良の形態】の冒頭に記載しています（【００１６】参照）。

※8　従属クレーム2に対応する内容であり，SUMMARY OF THE INVENTIONには従属クレームに対応する内容は記載しないという実務に倣って訳出を省略しています。

※9　従属クレーム3に対応する内容であり，SUMMARY OF THE INVENTIONには従属クレームに対応する内容は記載しないという実務に倣って訳出を省略しています。

※10　【図面の簡単な説明】（BRIEF DESCRIPTION OF THE DRAWINGS）はSUMMARY OF THE INVENTIONの直後に記載する，という実務に倣っています（37 C.F.R. §1.77(b)参照）。

※11　必要に応じて記載（[40]『辞書に載っているコロケーションを使う』参照）。

※12　原文では，「袋構成シート7の内側面」と記載されていますが，図3(c)では，紅茶葉Mは袋構成シート「9」の内側面にセットされているため，これに合わせてsheet 9としています。

※13　[33]『形容詞は「程度」がわかるように使う』参照。

索引

和文索引

227

228

著者紹介

大島　祥貴（おおしま　よしたか）

㈱米国特許翻訳社代表。京都工芸繊維大学工芸科学部卒業（機械工学専攻）。実用英語技能検定1級。日本の特許事務所，米国の知財法律事務所，翻訳会社に合わせて約10年間勤務後，2012年に現在の会社を設立。

NDC 507　　239 p　　21cm

特許翻訳者のための米国特許クレーム作成マニュアル（とっきょほんやくしゃのためのべいこくとっきょクレームさくせいマニュアル）

2020年9月30日　第1刷発行

著　者	大島祥貴（おおしまよしたか）
発行者	渡瀬昌彦
発行所	株式会社　講談社

〒112-8001　東京都文京区音羽2-12-21
　　　　　　販　売　(03) 5395-4415
　　　　　　業　務　(03) 5395-3615

編　集	株式会社　講談社サイエンティフィク
	代表　堀越俊一

〒162-0825 東京都新宿区神楽坂2-14　ノービィビル
　　　　　　編　集　(03) 3235-3701

本文データ制作	株式会社双文社印刷
カバー・表紙印刷	豊国印刷株式会社
本文印刷・製本	株式会社講談社

落丁本・乱丁本は，購入書店名を明記のうえ，講談社業務宛にお送り下さい．送料小社負担にてお取り替えします．なお，この本の内容についてのお問い合わせは講談社サイエンティフィク宛にお願いいたします．定価はカバーに表示してあります．

Printed in Japan

ISBN 978-4-06-519561-1